AF592887

Déflagrations

Marie Serier

Déflagrations

© Lys Bleu Éditions – Marie Serier

ISBN : 979-10-377-9492-5

Le code de la propriété intellectuelle n'autorisant aux termes des paragraphes 2 et 3 de l'article L.122-5, d'une part, que les copies ou reproductions strictement réservées à l'usage privé du copiste et non destinées à une utilisation collective et, d'autre part, sous réserve du nom de l'auteur et de la source, que les analyses et les courtes citations justifiées par le caractère critique, polémique, pédagogique, scientifique ou d'information, toute représentation ou reproduction intégrale ou partielle, faite sans le consentement de l'auteur ou de ses ayants droit ou ayants cause, est illicite (article L.122-4). Cette représentation ou reproduction, par quelque procédé que ce soit, constituerait donc une contrefaçon sanctionnée par les articles L.335-2 et suivants du Code de la propriété intellectuelle.

Aux Amours de ma vie : Nathalie, Jack et Anna.
À ma mère adorée qui nous a quittés trop prématurément.
À mon père et mes frères que j'aime tant.
À toutes les personnes que ce livre pourra aider :
il y a toujours de l'espoir.

This above all : to thine own self be true.

William Shakespeare

14 janvier 2020

Assemblée générale. Nous sommes très peu, une vingtaine je dirais, les irréductibles. Dans un tout petit amphithéâtre à la Maison des Syndicats au lieu du grand amphithéâtre habituel. Presque six semaines, déjà, depuis le début de la grève contre la réforme des retraites et nous ne sommes toujours pas entendus. Les leaders syndicaux prennent place parmi nous sur les fauteuils et non aux tables sur l'estrade face à nous, ce sera la dernière AG, dernier moment de resserrement des liens, dernières idées échangées pour poursuivre la lutte, dernière prise de parole des cheminots avant de partir pour une action locale. Un ancien chômeur arborant une chasuble CGT prend spontanément la parole, il est habituellement le trublion qui donne le départ des manifestations lorsque les débats s'éternisent trop. Aujourd'hui, il se présente et dit entre autres : « De ma période de 8 mois de chômage j'en garde une profonde blessure. Moi, faut pas trop me secouer parce que je suis rempli de larmes. » Je me souviens avoir été très touchée par sa prise de parole et m'être dit : « moi aussi je crois que je suis remplie de larmes », mais j'étais alors loin de savoir pourquoi…

Partie I
Toujours là, en lutte

24 septembre 2019

Début de l'examen à l'Assemblée Nationale du projet de révision de la loi de bioéthique. Je visionne en replay les auditions des commissions spéciales qui ont eu lieu au mois d'août. Une femme chercheuse et sociologue à l'Institut National d'Études Démographiques m'intéresse particulièrement. Elle explique que l'INED est spécialiste des questions de population et collecte des statistiques sur les familles, mais aussi la violence, les SDF, la PMA par exemple… « Aujourd'hui, chaque année, 24 à 25 000 enfants naissent à la suite d'une PMA en France. Et pour rendre ce chiffre un peu plus concret, cela signifie que dans chaque classe il y a en moyenne un élève qui a été conçu par PMA. » Cet exemple est très parlant, je trouve, moi qui suis enseignante et maman de deux enfants nés par procréation médicalement assistée réalisée en Belgique.

Trois jours plus tôt, le samedi 21 septembre, Christine Renon, directrice d'école à Pantin en Seine Saint Denis, se donnait la mort en se jetant d'environ cinq mètres dans le hall de son école maternelle. On l'apprendra quelques jours plus tard et cela me secoue beaucoup. Elle symbolise tristement le malaise de la profession et la surcharge de travail sans moyens suffisants des directeurs d'école. Je pense à notre ancienne principale adjointe quand mes collègues en font l'éloge, selon eux la directrice était si forte, si dévouée, faisait si bonne figure. Oui, mais moi je sais quel mal-être cela peut cacher et cela m'attriste profondément. On ne peut jamais véritablement savoir ce que traverse un collègue, un ami, même un proche. La lettre qu'elle laisse est envoyée en de multiples exemplaires à ses collègues directeurs dans d'autres écoles, mais aussi à la direction de l'académie (environ vingt-cinq lettres). Elle se dit « épouvantablement fatiguée ».

Elle dénonce les tâches de plus en plus chronophages sous lesquelles croulent les directeurs d'école et leur solitude face à leur charge de travail, des tâches administratives qui n'ont pas de sens, les évaluations nationales à organiser et toujours le manque de moyens. Tout le corps enseignant est touché par ce suicide, pas uniquement dans le premier degré. Et ce silence du ministère. Juste un courrier du recteur de Créteil pour dire le soutien de la nation, mais il n'en est rien. Nous recevons des mails pour effectuer une minute de silence suite au décès de Jacques Chirac. Christine Renon n'y a-t-elle donc pas droit aussi ! Le ministre Jean-Michel Blanquer annonce la création d'un « comité de suivi » qui réfléchira à « faire évoluer » le statut des directeurs d'école. A-t-on besoin de réfléchir à cela ? Contrairement au secondaire, les directeurs et directrices n'ont pas de statut particulier, ils sont toujours statutairement des enseignants et ils touchent une petite prime en plus. Dans le second degré, une fois le concours de personnel de direction obtenu, les chefs d'établissements ont une grille salariale différente.

Samedi prochain, une marche blanche aura lieu à Pantin entre la mairie et l'école maternelle.

Lisbonne, octobre 2019

João, le guide, est déjà au lieu de rendez-vous, sur une des grandes avenues de la partie basse de la ville. C'est un homme d'une trentaine d'années, quarante peut-être qui s'avance vers nous, le sourire aux lèvres et nous tend la main pour la serrer en se présentant. À côté de lui, Kate, une jeune Américaine nous salue également puis deux jeunes hommes nous rejoignent, des Américains également : Steve et Juan, de San Francisco. Nous sommes cinq plus les trois autres touristes et João, le groupe de neuf est au complet et la visite peut commencer. Nous prenons place dans le mini Van du guide, cette formule de déplacement à la journée dans un véhicule relativement petit nous offre la possibilité de circuler plus facilement que dans un grand car rempli de touristes et surtout d'avoir une attention particulière de la part du guide qui est une mine d'informations sur la ville et le Portugal en général. Il nous a prévu un circuit dans des endroits touristiques incontournables, mais aussi plus typiques et plus calmes. Un bon compromis en somme. Notre chance est d'être tombés sur quelqu'un d'exceptionnel, un ancien journaliste pour la presse écrite reconverti en guide touristique. Il s'exprime très bien en anglais, mais nous parle aussi en employant certains mots en portugais, nous donnant des informations sur la langue et sa prononciation, ses similitudes avec la langue française.

Kate est à Lisbonne pour une conférence sur la diététique, elle est de New York. Steve et Juan sont visiblement un couple, je trouve ça génial d'être avec un couple d'hommes et je trouve la statistique intéressante que sur neuf personnes nous soyons trois dans une relation homosexuelle. Je vis en effet avec Nathalie depuis quinze ans et nous avons deux enfants : Jack et Anna. João porte une alliance dorée et nous parle de sa femme et de sa fille pour lesquelles il fabrique toute sorte de petits jouets et objets en liège très important dans la région et dont le Portugal est le premier producteur mondial. Le liège a toujours été de grande valeur économique grâce au marché du bouchon, c'est un matériau léger et isolant très utile. João nous dit qu'il a prévu de nous montrer des chênes-lièges l'après-midi. Il évoque le tremblement de terre de 1755 qui a entièrement détruit la ville, trois secousses suivies d'un tsunami. Ce cataclysme avait causé la mort de 60 000 personnes, dont 20 000 dans la capitale, tout était à reconstruire. Il s'est produit le jour de la Toussaint dans un Portugal très catholique : les scientifiques de l'époque ont tenté de rationaliser l'événement alors que pour la population elle était interprétée comme une punition divine.

João est très volubile, il passe de faits historiques aux traditions portugaises et nous parle des faïences, les Azulejos, ces magnifiques carreaux vernissés qui ornent les façades des bâtiments, les églises, les fontaines et même les maisons les plus modestes partout dans la ville. João nous apprend que les petits Portugais apprennent à les confectionner à l'école et qu'ils sont transmis de père en fils et de mère en fille pour les fêtes des mères ou des pères entre autres. Il nous demande si nous avons goûté les Pastei de Nata, ces petites pâtisseries entre un flan et une tartelette qui sont la spécialité du Portugal et du quartier de Belém en particulier que nous avons prévu de visiter le lendemain. Nous répondons que bien évidemment nous les avons dégustées dès notre arrivée !

Notre première destination est Sintra, une ville classée au patrimoine mondial de l'UNESCO. Nous allons visiter la Quinta da Regaleira : un domaine immense construit par l'architecte et scénographe italien Luigi Manini à la demande d'Antonio Augusto Carvalho Monteiro, millionnaire et philanthrope, comme résidence d'été ! Construit entre 1898 et 1912 c'est un ensemble architectural comprenant un palais, une chapelle, des jardins immenses et un puits d'initiation. Je suis enchantée par ce lieu qui me touche profondément et que je trouve poétique et riche en symbolisme. Le palais est de style néogothique et néomanuélen. Les informations de João sont captivantes : les références à l'alchimie et aux Templiers sont nombreuses tant dans l'architecture du palais que dans la conception des jardins.

Nous suivons le guide des marches de l'entrée ornées de nombreux détails à l'intérieur du palais où l'on remarque de somptueuses boiseries. Manini avait fait plusieurs voyages au Brésil d'où il a fait venir le bois. Nous n'entrons pas dans la petite chapelle, mais poursuivons à la découverte des jardins. Les arbres sont immenses, il fait frais, mais le soleil est là. Cela me rappelle la fraîcheur que nous pouvions trouver en montant dans « les hauts » à l'île de la Réunion quand j'étais petite. Nous partions parfois pour la journée dans les parties boisées, comme à la plaine des Palmistes ou au Brûlé. On sent que la journée sera chaude, mais le matin est frais et il y a de la rosée partout sur l'herbe, les plantes et autres fougères. L'allée monte et nous mène à des escaliers, nous passons devant de petites cascades. João nous explique que les roches ont été transportées depuis la côte. Le style du jardin est romantique. Nous arrivons au puits : mon coup de cœur !

Le Poco Initiatico, puits d'initiation, évoque la Divine Comédie de Dante avec le symbolisme des neuf paliers qu'il comporte, mais aussi l'Ordre du Temple, la Rose-Croix ou encore la franc-maçonnerie. L'idée était que le puits conduise symboliquement les initiés des ténèbres vers la lumière en passant plusieurs paliers. Puissant pour quelqu'un qui est en pleine dépression et qui espère voir le bout du tunnel ! Comment décrire ce puits ? Il s'agit en fait d'une tour inversée qui s'enfonce dans la terre sur vingt-sept mètres de profondeur. João nous explique que nous ferons la descente dans le silence le plus total. Il ne parlera pas et nous donne toutes les explications avant de descendre. João explique que la terre symbolise l'utérus maternel, mais aussi le lieu de la sépulture où chacun retournera. Le puits comporte un escalier en spirale soutenu par des colonnes aux chapiteaux sculptés. Ses neuf paliers sont une évocation des neuf cercles de l'Enfer de la Divine Comédie. Au fond du puits se trouve une rose des vents à huit pointes, en marbre, disposée sur une croix des templiers. J'essaie de me souvenir vite fait de ce que je sais des templiers, il me semble qu'il s'agissait d'un ordre militaire de l'époque des chevaliers. João explique que l'ordre du Temple était un ordre religieux, monastique et militaire issu de la chevalerie chrétienne du Moyen-Âge dont les membres étaient appelés les Templiers, que cet ordre a œuvré pendant les XIIe et XIIIe siècles à accompagner et protéger les pèlerins pour Jérusalem dans le contexte de la guerre sainte et des croisades. Ils ont établi un réseau de monastères (des commanderies) dans toute l'Europe Chrétienne d'Occident grâce à des dons fonciers. Enfin, il nous dit qu'il y aura plusieurs chemins possibles pour ressortir vers la lumière une fois en bas après avoir traversé un petit ruisseau en passant sur sept pierres représentant les sept étapes de la vie. À nous de trouver le bon chemin !

Nous descendons lentement, c'est excitant. Moi qui suis comme anesthésiée depuis plusieurs semaines j'ai l'impression de revivre enfin. Je me dis que peut-être que je vais renaître en remontant à la surface… Ce ne sera pas si simple, le séjour à Lisbonne avec mes meilleures amies aura été une vraie bouffée d'oxygène, un voyage thérapeutique, mais je mettrai encore beaucoup de temps à sortir de ma dépression. Une fois en bas nous voyons une galerie sur la droite ornée de petites lanternes, nous voyons tout de suite qu'elle ne mène nulle part, il faut donc prendre celle de gauche qui au bout de quelques pas laisse entrevoir la lumière du jour au bout. Nous avançons et arrivons au ruisseau à franchir en passant en équilibre d'un rocher à un autre. C'est drôle et c'est non sans fierté que nous nous retrouvons de l'autre côté avec les copines. Nous passons sur un petit pont suspendu qui nous ramène à l'entrée du puits où João nous attend.

Le reste de la journée va de surprises en surprises, João nous emmène déjeuner dans un refuge… pour cyclistes ! Très insolite, mon père aurait adoré. Une sorte de cantine avec des tables et bancs rudimentaires et un comptoir de boucher à l'entrée avec étalage de viande de qualité. C'est comme cela que ça se passe, on choisit viande ou saucisses et les cuistots les préparent, avec cela on peut choisir des salades, du riz ou autre accompagnement. João a choisi une formule qui nous permet de goûter à tout et c'est très bon et vivant comme ambiance. À la suite du repas, il nous conduit sur une des plages de l'Atlantique : c'est magnifique et il n'y a que nous ! Tout le monde va se promener, mais j'ai juste envie de me poser dans le sable. Après avoir pris des photos, João me rejoint et me lance le ballon de volley qu'il a emporté, il me dit qu'on peut se faire des passes tous les deux en attendant les autres pour faire une partie de part et d'autre du filet installé sur la plage. Je retrouve vite les gestes appris en 3e au club de volley où j'étais inscrite. J'aimais jouer, mais comme ça avait été difficile de m'intégrer à l'équipe en plein âge où j'étais très introvertie. Je me souviens du retour d'un match dans le mini van de notre entraîneur et l'entendre dire aux autres filles qui étaient toutes joyeuses et bavardes : « Je serai toujours sidéré du calme plat de Marie ! » en regardant les autres filles. En effet, je ne décrochais pas un mot, je n'arrivais pas à aller vers les autres et être naturelle, comme si je ne pouvais pas être moi-même, la joie et la légèreté m'étaient inaccessibles, je regardais les autres… Là sur cette plage des années plus tard je me sens bien, les autres nous rejoignent, je remonte et enroule mon jean, je retire mes chaussures et j'apprécie d'être les pieds dans le sable. Je n'hésite pas à plonger pour tenter de rattraper le ballon et nous rigolons tous tant nous nous donnons. Je me souviendrai toujours de cette partie si agréable !

Puis nous reprenons la route et après un arrêt à la pointe Cabo da Roca où nous admirons une vue à couper le souffle du haut des falaises, nous remontons dans les hauts, en forêt. Nous allons cueillir des arbouses bien mûres directement sur l'arbre, un délice. Enfin, nous allons admirer un chêne-liège et João nous propose de toucher le liège à un endroit où l'écorce est coupée. J'adore ce moment de contact avec l'arbre, le toucher avec le liège doux sous l'écorce… nous repartirons tous avec un bouchon de liège où João a placé un petit anneau en attache, il ne me quitte plus et est tout le temps dans mon sac à main depuis ce jour-là. Je remarque que João est très tactile avec Juan et Steve, il pose sa main sur l'épaule de Juan en soulignant que son prénom ressemble au sien. Je suis surprise par ce geste, il n'est pas fréquent qu'un homme marié ait ce genre de geste envers un homme et de surcroît qui est de toute évidence gay, mais cela ne pose aucun problème au guide qui est très à l'aise. J'éprouve tout de suite de l'affection pour lui et j'apprécie grandement sa compagnie. De manière générale, j'aime la compagnie de personnes sensibles et instruites, qui savent davantage de choses que moi. Au moment de nous quitter, nous dégustons des petits gâteaux traditionnels que João est passé prendre dans une pâtisserie où il les avait commandés. Il remet à chacun d'entre nous un bouchon en liège, puis il nous propose de nous rassembler tous ensemble autour de lui pour un hug collectif ! Je trouve ça drôle et touchant. On pourrait se dire que tout est calculé, qu'il ne fait que son travail, que c'est compris dans le prix de la journée, mais il y a quelque chose de vraiment sincère qui transpire de João et il va bien au-delà, dans sa façon d'être, de son métier de guide touristique. J'aurais voulu lui dire avant de partir à quel point j'ai apprécié cette journée merveilleuse en compagnie de tout le groupe sachant d'où je revenais. Je me dis que je récupérerai son numéro par ma copine qui a réservé la journée et que je lui enverrai un message à mon retour. Nous utilisons d'ailleurs son numéro dès le soir même pour lui demander l'adresse d'un petit restaurant familial et excellent dans la partie haute de la ville où nous logeons et dont il nous avait parlé plus tôt dans la journée.

Décembre 2019

Une partie de la France s'oppose au projet du gouvernement du président Emmanuel Macron de réformer notre système de retraites. Le problème du texte proposé est que c'est un texte à trou, un texte fantôme. Deux choix politiques s'affrontent : ceux qui ne souhaitent rémunérer que le travail et rien d'autre, un système à l'anglo-saxonne où le salarié qui en a les moyens pourra se payer des assurances privées pour sa santé, celle de ses enfants, la maternité, le chômage, la vieillesse, la retraite, etc. On voit ce que cela donne aux États-Unis avec une augmentation de la paupérisation, la précarité, des travailleurs pauvres obligés de travailler jusqu'au bout de leur vie. L'autre choix politique est de faire contribuer l'employeur au financement de la protection sociale. Cela correspond à une volonté d'intégrer des dispositifs de solidarité dans la rémunération du travail (santé, chômage, retraite, famille…) C'est notre modèle de Sécurité Sociale à la française mis en place après la Deuxième Guerre mondiale.

Tout est question de volonté politique selon moi. Deux visions du monde s'affrontent donc et un véritable **choix de société** s'impose, la question de la retraite n'est que le reflet de politiques économiques plus larges. Depuis plusieurs années, les décisions prises par nos dirigeants ont exonéré le patronat d'une part de plus en plus grande de leur contribution. Les salaires bruts n'augmentent pas, mais l'objectif est clairement de baisser le niveau de protection sociale pour les transférer vers des systèmes d'assurances privées.

Jeudi 5 décembre 2019 : Grève J1

Je lis la motion, l'appel de l'AG de grève de la veille :

Aujourd'hui, les personnels de l'Éducation nationale massivement en grève indiquent clairement au gouvernement qu'ils ne veulent pas de sa réforme des retraites et du système universel par points.

Ils veulent le maintien du code des pensions et du calcul sur les 6 derniers mois. Avec l'ensemble des secteurs en grève aujourd'hui, ils veulent le retrait de ce projet de réforme.

L'assemblée générale réunie à 250 personnes le 5 décembre appelle :

– À reconduire la grève dès le 6 décembre (partout où c'est possible) ;

– À se réunir de nouveau le 6 au matin à la maison des syndicats pour organiser les actions ;

– À envoyer les déclarations d'intention de grève (pour le 1er degré) pour la semaine prochaine.

L'assemblée générale revendique :

– Le retrait sans condition de cette réforme : il n'y a rien à négocier lorsque tout le monde est perdant ;

– Une augmentation générale des salaires, l'augmentation de la valeur du point d'indice.

Adoptée à l'unanimité, moins 3 abstentions.

Au collège, les collègues les plus impliqués se mobilisent pour communiquer toutes les infos au reste du personnel. Pour le moment je suis un peu détachée, car j'ai encore beaucoup de fatigue et je sens que je dois m'économiser. Je suis également soulagée de voir de jeunes collègues prendre le relais militant, car Nath et moi l'avons souvent fait et ces dernières années l'élan général s'était essoufflé, ce qui était parfois décourageant. Marianne, jeune professeur d'histoire-géo, avec nous depuis quelques années, se révèle. Elle a toujours été comme nous de toutes les grèves et de toutes les heures d'information syndicale, mais très discrète. Cette fois-ci, elle prend les choses en main, car l'élan est impulsé par Valentin (jeune professeur de français nouvellement arrivé cette année) et Pierre (remplaçant d'histoire-géographie). Avec Karim, ancien ingénieur reconverti en professeur de physique-chimie, qui avait été impliqué dans le projet innovant que nous avions monté l'an dernier, et rejoints par notre documentaliste Florence, le noyau dur est formé et restera soudé. Ils rédigent les comptes rendus de toutes les AG pour les collègues et envoient des mails avec le calendrier de toutes les réunions et les actions locales, mais aussi des moments de convivialité à la maison des syndicats le soir, moment d'échange fort et occasion de récolter des fonds. J'envoie aussi des messages avec les horaires et les parcours des manifestations pour relancer de mon côté, mais je les laisse principalement faire. Il s'agit d'inciter un maximum de personnes à nous rejoindre dans la grève, mais sans forcer qui que ce soit. J'explique à ce petit groupe qu'il n'est pas possible pour tout le monde de cesser le travail pour diverses raisons, au-delà des convictions politiques et personnelles sur le plan organisationnel, ce n'est pas évident si on a des enfants qui ne sont pas pris en charge à l'école, car les enseignants sont eux-mêmes grévistes. Sans parler des difficultés financières même si franchement quand je vois à quel point les cheminots se sont saignés je pense que les enseignants pouvaient en faire autant en renonçant à certains extras, enfin tout est question de choix et de priorités selon moi. Nath et moi pensons qu'il vaut mieux perdre de l'argent maintenant que de perdre beaucoup à la retraite. Valentin propose un système de bâtons à inscrire au tableau blanc en salle des professeurs ce qui permet ainsi d'avoir une visibilité sur le nombre de grévistes, mais que ce ne soit pas nominatif.

Nath et moi sommes grévistes dès le 5 et nous reconduisons le lendemain vendredi 6 décembre, jour de mon anniversaire.

Vendredi 6 décembre 2019

Le nombre de présents à l'AG de ce matin est passé de 250 à environ 80. La salle de réunion du jour est quand même remplie et beaucoup de collègues se tiennent debout. Nath et moi remarquons qu'il y a encore de nombreux professeurs des écoles avec nous. Le ministre Blanquer a évoqué à la radio un taux de gréviste retombé à 10 % ce matin dès 9 h. Trop tôt pour annoncer des chiffres ! Ils sont faux. Quand les leaders syndicaux prennent la parole à tour de rôle, ils nous donnent leurs chiffres de la veille. On peut constater qu'ils sont très parlants : 75 % de grévistes dans le 1er degré, 300 écoles fermées dans notre département. Jusqu'à 60 % de gréviste dans un collège voisin, du jamais vu dans un établissement habituellement tranquille.

Mardi 10 décembre 2019

La mobilisation nationale est encore plus forte et une multitude d'actions sont mises en place pour interpeller l'opinion publique pour les prochains jours. Le SNES demande de faire remonter toutes les initiatives pour faire connaître nos revendications afin qu'ils les relaient sur leur site. Les sections académique et départementale apportent tout leur soutien et participent activement aux actions. Le SNES et la FSU avec l'ensemble de l'intersyndicale appellent tous les collègues à faire du mardi 17 décembre une très forte journée de grèves et de manifestations à l'image de jeudi dernier afin de « montrer notre détermination et notre refus de la mise à mal de nos retraites et de nos métiers. » Dans chaque département, les syndicats mettent à disposition des bus pour rejoindre la manifestation parisienne.

Nath et moi sommes présentes à l'AG de 9 h.

Les chiffres officiels sont encore bidonnés et voici comment. Prenons l'exemple d'un lycée comptant 100 professeurs, disons qu'un jour de grève tombant un jeudi 30 professeurs se déclarent grévistes, cela fait un taux à 30 % il n'y a pas photo et c'est comme cela que les autorités comptent. Sauf que la réalité du terrain est tout autre et si dans ce lycée seuls 60 enseignants travaillent le jeudi (ou même seulement le jeudi matin quand le nombre de grévistes est remonté) alors le taux est tout autre, 30 sur 60 on passe à 50 % de grévistes !

Seulement, il n'est pas intéressant pour le ministère de compter comme cela. Voilà comment fausser des chiffres. Parfois, les professeurs en arrêt maladie ou en formation sont comptés parmi les personnes censées travailler… On n'est pas loin de la propagande là et cela m'exaspère !

Marianne, Valentin et les autres envoient des mails et distribuent des tracts aux collègues dans les casiers. On peut y lire :

PROCHAINE GROSSE MOBILISATION MARDI 17 DÉCEMBRE.

Chacun fait comme il le souhaite, mais ceux qui doutent de l'impact de ce rendez-vous, ce sera aussi important que le 5 décembre.

9 h : AG (Maison des Syndicats) ;

10 h : manifestation locale ;

13 h 30 : manifestation à Paris (intersyndicale et interprofessionnelle) départ République.

Nous ne sommes pas une secte, rejoignez-nous !

Marianne, Florence, Valentin, Pierre, Karim.

PS : En pièce jointe, une annexe admirablement et très consciencieusement rédigée par Karim. Elle vous permettra d'en savoir plus sur les différents points évoqués et vous y trouverez 3 vidéos explicatives.

Vendredi 13 décembre 2019

Je parle aux mamans d'élèves représentantes de la fédération élue de l'école des enfants. Elles se réunissent devant le portail tous les matins pour discuter un peu. Je les rejoins et tâte un peu le terrain, mais elles ne semblent pas très concernées par le projet de réforme des retraites. Elles semblent dire que nous n'allons plus avoir de « privilèges » et être « comme dans le privé ». De quels privilèges bénéficions-nous au juste ? Une maman me dit même « ils commencent à nous saouler les cheminots », une autre croisée la veille m'avait dit : « On subit les effets de la grève ***nous* !** » Ah OK ! Bref, il n'y a rien à attendre d'elles, elles ne réalisent pas ce qui se joue, je leur en veux un peu, mais elles sont tellement sympathiques et nos enfants sont amis. J'évoque un courrier que nous pourrions rédiger ensemble et que la fédération pourrait envoyer aux autres parents d'élèves, mais non, elles me disent qu'elles ne le sentent pas et préfèrent s'associer à de futures actions concrètes pour éviter des fermetures de classes ou obtenir plus de moyens dans le futur. C'est cela qu'elles n'entendent pas, le projet du gouvernement va bien au-delà de la réforme des retraites, les gens pensent que nous défendons nos intérêts particuliers, mais tous les services publics sont visés. Quand il n'y en aura plus que feront-ils ? Tout le monde est concerné. Quand l'éducation nationale aura de plus en plus recours à des personnels précaires et non formés pour enseigner dans les classes, ce sont leurs enfants qui en pâtiront. Le métier d'enseignant n'est déjà plus attractif, mais il le sera encore moins avec des retraites rabaissées. Hors de question de baisser les bras, je décide de rédiger un courrier en mon nom et je le transmets à tous les parents que j'ai dans mon listing de mails en leur demandant de faire suivre. Je commets cependant une erreur, car dans le lot je prends les adresses mail des parents d'élèves de la classe d'Anna en utilisant le listing de son enseignante.

Lundi 16 décembre 2019

Sur une cinquantaine de mails envoyés, j'ai reçu deux messages de soutien (mes voisins !) et un message désagréable. Un papa de la classe d'Anna me reproche, à juste titre, d'avoir utilisé son adresse email sans son accord pour, je cite, « faire de la propagande, à prendre dans son sens strict sans aspect péjoratif ». Je ne savais pas qu'il y avait un sens positif ! Je réponds que je suis désolée et que nos enfants sont dans la même classe, peut-être aurons-nous l'occasion d'échanger nos idées divergentes de vive voix. Ce qui m'inquiète c'est que la maîtresse d'Anna ait reçu le même message de reproche pour avoir transmis les adresses mail à tous les parents de la classe, ce qu'elle n'aurait pas dû faire et qu'elle ne fera d'ailleurs plus par la suite. Je lui en parle donc dès la sortie des classes et je dis bien que le courrier est en mon nom ce que je dis également à la directrice que je vais voir aussi. Ceci nous permet d'avoir une discussion entre collègues et de nous épauler. Nous constatons que les parents d'élèves ne sont pas mobilisés pour nous soutenir ni dans le premier degré ni dans le secondaire.

Vendredi 20 décembre 2019

Je m'apprête à rejoindre les collègues au réfectoire pour notre traditionnel repas de Noël, nous sommes tous épuisés et attendons ce moment de convivialité avec impatience. Je vérifie une dernière fois mes messages Pronote avant d'éteindre mon ordinateur et je tombe sur un message d'une maman d'élève de notre classe de 6e pilote. Elle m'écrit qu'elle reçoit régulièrement des relevés d'absences et de retard concernant son fils et nous en remercie, mais ne voit pas ces informations pour les professeurs, qu'elle a comptabilisé les heures d'absences de professeurs dans la classe de son fils depuis la rentrée, est-ce que nous pourrions lui en dire plus ? Je prends très mal cette question, ce que je réponds en toute honnêteté puis j'explique que ce n'est pas légal de transmettre les relevés d'absences des enseignants de la part du chef d'établissement, car cette information est confidentielle. Je lui assure que toutes nos absences sont justifiées (maladie, enfant malade, formations et bien sûr la grève très suivie). Nous devons justifier nos absences auprès de madame la principale qui fait remonter l'information à ses supérieurs, pas auprès des parents d'élèves. Enfin, je précise que la 6e2 a la chance de bénéficier de la toute nouvelle salle de classe innovante et que cela demande du temps de formation pour l'équipe afin de maîtriser les nouveaux outils numériques ainsi que le changement de pédagogie. Je dis qu'il ne faut pas trop raisonner en termes de quantité d'heures de cours, mais de qualité. Avec une classe et des enseignants motivés par ce tout nouveau projet stimulant, je lui dis que nous aurons vite fait de rattraper les cours manqués. Je ne peux pas m'empêcher de prendre la remarque personnellement même si son message est adressé à toute l'équipe pédagogique. J'ai déjà manqué 5 semaines de cours avant la Toussaint lors de la phase la plus aiguë de ma dépression et je culpabilise beaucoup car j'ai été très peu remplacée par une personne puis une deuxième.

Cela fait des années que nous entendons des remarques sur les absences de professeurs, nous serions « tout le temps absents » alors que notre taux d'absences est moins élevé que dans le privé, j'enrage.

Mercredi 25 décembre 2019

Repas de famille chez mes parents. Je ne comprends pas pourquoi Edouard ne parle presque pas à table. C'est souvent le cas, il semble se retirer dans sa bulle, il entend tout à fait ce qui se passe autour de lui, car il est facile de le ramener à la conversation, mais il n'intervient pas. Nath et moi discutons avec sa compagne qui est Professeur des Écoles et nous parlons de la grève, de nos revendications, nous sommes sur la même longueur d'onde. Anne semble être très concernée et informée de ce qui se passe en coulisses, loin des discours officiels livrés dans les grands médias. Je sais qu'Edouard l'est aussi, nous avons échangé des messages et parlé au téléphone et je sais que ses collègues cheminots et lui sont en grève depuis presque un mois, ça c'était lors de nos discussions privées, mais lorsque le téléphone est sur haut-parleur, devant ses enfants et mes parents il reste vague sur le fait qu'il ne travaille pas, c'est pourtant un fait qu'il ne travaille pas parce qu'il est gréviste, mais il ne le dit pas ouvertement devant eux. J'attends que mes parents s'absentent à la cuisine pour le lancer sur le sujet et j'ai confirmation qu'il est très informé de tout, il pourrait mieux expliquer les choses aux parents que moi, mais il ne le fait pas. Mon père est en totale loyauté avec le gouvernement dont il boit les paroles, comme toujours je retrouve chez lui cette loyauté aux représentants de l'État, à son pays d'accueil depuis plus de soixante-dix ans, lui qui a connu l'exil si jeune. Pour mon père, on ne contredit pas les dirigeants, on leur fait confiance, il n'a pas ce côté rebelle et militant que mes cousins et moi avons, par exemple, c'est curieux. Ma mère est pareille, jamais de discussions politiques, je l'ai entendue un jour dire avant des élections présidentielles : « Droite ou gauche, peu importe, c'est évident que celui qui sera élu fera de son mieux. » Plus qu'une vision simpliste c'est sa façon de tout lisser, pas de conflits, pas de désaccords, une forme de déni. On ne parle pas de sujets qui fâchent dans notre famille et quoi de mieux que des idées politiques divergentes pour fâcher les gens ! Dommage, car confronter des idées différentes est toujours stimulant et instructif, mais chez nous ça n'a jamais vraiment été possible…

Nous ne sommes pas entendus, beaucoup de gens pensent que nous défendons des intérêts particuliers voire des privilèges ! Sur les réseaux, on voit apparaître un petit jeu chez les profs et notamment les PE qui seront les plus lourdement impactés : balance ta fiche de paie ! La valeur du point peut changer ! Les simulations données par le secrétariat d'État des retraites sont très optimistes ! Selon les calculs de l'hebdomadaire Marianne,[1] le gouvernement fait l'hypothèse d'une hausse annuelle des salaires deux fois supérieure à celle observée depuis 10 ans ! Se moquerait-on de nous ?

Je vis très mal cette période avec un sentiment d'abandon de notre ministre et de nos dirigeants, symbolisé par le manque de compréhension et de soutien de la part de mes propres parents.

5 janvier 2020

Les grévistes de la SNCF et de la RATP arrivent au bout de ce qu'ils peuvent faire. Ils ont maintenant besoin de renforts pour continuer à faire pression sur le gouvernement. Ils espèrent que les professeurs vont massivement entrer dans le mouvement de grève reconductible jusqu'au retrait du projet de réforme des retraites. Le corps enseignant est aussi à bout, épuisé et écœuré par les réformes à répétition qu'il a fallu mettre en place, les injonctions contradictoires

---

[1] marianne.net : *Réforme des retraites : le simulateur du gouvernement qui vous donne (presque) toujours gagnant*, publié le 20/12/2019

et qui n'ont pas de sens, des conditions d'exercice de plus en plus difficiles : le malaise est grand. Les professeurs de lycée sont censés mettre en place la réforme du bac, mais les délais sont trop courts et des appels au boycott des épreuves E3C (épreuves communes de contrôle continu) prévues fin janvier pour les élèves de première concernés par le nouveau bac. Il ne faut pas oublier non plus que l'année dernière nous avions déjà manifesté en masse contre le projet de loi du ministre Blanquer sur « l'École de la Confiance » dont le but n'est autre que la disparition du statut de fonctionnaire et le recours de plus en plus fréquent à des professeurs contractuels non formés et plus précaires. La coupe est donc plus que pleine.

Provocation supplémentaire, nous avons connaissance que BlackRock, une société multinationale américaine spécialisée dans la gestion d'actifs, pourrait bien user de son influence pour faire aboutir le texte tout à son bénéfice puisque par définition ils placent l'argent que leurs clients leur confient pour le faire fructifier. Il ne s'agit pas d'un fonds de pension, mais les fonds de pension font partie de leurs clients. Le patron de la filiale française a été élevé le 1er janvier au grade d'officier de la Légion d'honneur ! Le nouveau système laissant la place à davantage de capitalisation, c'est tout bénef pour eux. Selon l'enquête de capital.fr[2] : « À partir de 10 000 € bruts par mois, les hauts salaires ne cotiseront plus pour la retraite, leurs salaires nets vont augmenter, les entreprises ne cotiseront non plus pour eux leur offrant un gain de 2,9 milliards d'euros par an. Conséquence, les 300 000 à 350 000 Français concernés devront trouver une solution alternative pour acquérir des droits à leur future retraite. »

Jeudi 9 janvier 2020

Bernard, le mari d'une de nos AVS, nous rejoint dans l'amphithéâtre à l'AG de ce matin. Il est enseignant dans l'enseignement supérieur et c'est la première fois de sa vie qu'il fait

---

[2] capital.fr *Combien BlackRock pourrait gagner avec la réforme des retraites ? Les faits, rien que les faits.* Publié le 3/01/2020

grève ! Il attire notre attention sur un article de Marianne[3] qui souligne que le manque à gagner se chiffrerait à hauteur de 2,8 milliards d'euros que la caisse commune devra payer. Ceci en raison de la baisse du plafond au-delà duquel les hauts cadres n'obtiendront plus de droits pendant la phase de transition entre l'ancien et le nouveau système.

Voici pourquoi :

« Dans l'ancien système, les salariés du privé cotisaient jusqu'à 324 000 euros de revenus annuels pour leur retraite complémentaire. Parmi eux, un peu plus de 200 000 gagnaient plus de 120 000 € en 2016, d'après les chiffres de l'Agirc-Arrco. Leurs cotisations au-dessus de ce futur plafond représenteraient un montant estimable à au moins 3,1 milliards d'euros par an, dont deux tiers de cotisations patronales : Autant d'argent qui ne remplira pas les caisses du système après la réforme. Une rapide soustraction permet de chiffrer le manque à gagner à 2,8 milliards d'euros. Pour équilibrer le système, l'objectif du gouvernement, il faudra donc chercher ailleurs cette somme… »

Que les très hauts salaires investissent dans des fonds de pension à la limite c'est leur liberté, mais qu'on ne vienne pas puiser le manque à gagner dans le système public : c'est honteux !

Lundi 13 janvier 2020

J'invite chez moi le petit groupe de collègues grévistes depuis la première heure (Marianne, Florence et Valentin) pour rédiger un courrier aux parents d'élèves et aux collègues. Avec eux, je me sens bien entourée et enfin soutenue. Cet écrit collaboratif qui se fera chez moi à notre table du salon est une grande fierté. Sur le mail transmis aux collègues avec la lettre mon nom figure, je fais bien partie du noyau dur et je suis fière ! Nous transmettons le courrier suivant aux fédérations de parents d'élèves de notre collège :

Chers parents d'élèves,

---

[3] marianne.net : *Réforme des cotisations retraite des hauts cadres : 2,8 milliards de moins dans les caisses, les fonds de pension à l'affût*, publié le 16/12/2019

Nous tenions à vous communiquer les motifs du mouvement de grève inédit qui perturbe, depuis le 5 décembre, les cours de vos enfants, nos élèves. Les taux de grévistes jamais atteints dans notre établissement, tout comme au niveau national, sont révélateurs de la mobilisation de notre profession contre la réforme des retraites et de l'exaspération face à la dégradation de nos conditions de travail.

Nous demandons l'abandon de la réforme des retraites. En effet, cette réforme présentée comme juste et solidaire est particulièrement pénalisante pour les enseignants. Mais nous ne nous mobilisons pas uniquement pour notre profession : l'ensemble des travailleurs sera pénalisé par le système à points comme le montre une généralisation du mouvement à l'ensemble des professions.

Chacun comprend qu'une pension calculée sur les revenus de l'ensemble de la carrière, comme le prévoit le projet, sera plus faible que la pension calculée sur les six derniers mois ou même sur les 25 meilleures années, comme c'est le cas aujourd'hui.

Les compensations promises par notre ministre ne nous satisfont pas. Les éventuelles primes dont nous ne connaissons pas les conditions d'attribution seront très inférieures à ce qui serait nécessaire pour obtenir un maintien des pensions au niveau de ce qu'elles sont dans le système actuel. De plus, ces primes ne sont pas forcément pérennes et ne seraient accordées qu'en contrepartie d'une redéfinition de « ce que sera le métier d'enseignant du XXIe siècle », redéfinition dont on ne sait pas grand-chose.

Dans ce contexte, il faut ajouter que nous sommes à bout de subir des réformes successives sans concertations. Des réformes qui se soldent toujours par moins de moyens humains et matériels tandis que les effectifs augmentent, que notre charge de travail s'alourdit. Dès mars 2019, nous avions déjà exprimé notre opposition à la loi Blanquer de « l'école de la confiance » qui permet entre autres le recours de plus en plus souvent à des personnels précaires et sous formés. Cette loi prévoit, par exemple, que les assistant-e-s d'éducation qui préparent les concours de l'enseignement pourront se voir confier des tâches d'enseignement. Ceci conduit à un renforcement de la précarisation de l'Éducation nationale, avec la création d'un sous-statut de professeur-e ; elle s'inscrit dans un projet de casse du statut de fonctionnaire. Vos enfants seront les premiers pénalisés !

La mise en place de la réforme des lycées à marche forcée contre laquelle nous nous étions élevés l'an dernier, est déjà lourde de conséquences pour vos enfants. Les proviseurs de lycée alertent sur l'impossibilité de mettre en place les épreuves communes de contrôle continu (E3C) en première censées se dérouler dans les prochains jours. La FCPE réclame leur ajournement tant que les conditions de réussite des élèves ne sont pas réunies.

Ces réformes et leurs conséquences rendent encore moins attractif un métier qui peine déjà à recruter. Le malaise est profond et les statistiques en témoignent : augmentation des démissions et du taux de suicide dans le personnel de l'Éducation nationale (58 suicides en 2018/2019).

Voilà, en quelques mots, les raisons pour lesquelles nous sommes entrés dans ce mouvement de grève reconductible. Nous serions heureux que vous les fassiez connaître à l'ensemble des parents d'élèves du collège. Faire grève n'est jamais un plaisir et nous sommes conscients de l'impact sur nos élèves, vos enfants. Mais l'importance des enjeux et les décisions très brutales, unilatérales du gouvernement nous ont contraints à cette décision. Dans cette circonstance, nous serions bien sûr heureux de pouvoir compter sur votre compréhension, et même sur votre soutien.

20 janvier 2020

Des professeurs de lycée menacent de ne pas corriger les E3C. Dans de nombreux lycées, les épreuves sont perturbées et ne peuvent avoir lieu, mais les médias dominants ne soufflent pas mot des mobilisations des enseignants, fédérations de parents d'élèves et élèves à leur côté parfois contre la réforme du « BAC Blanquer » ! Nous savons par nos collègues de lycée et de sources syndicales que les épreuves des E3C ont été fortement perturbées partout en France, mais les grandes chaînes, soit n'en parlent pas du tout, soit y consacrent juste quelques secondes sans reportages sur le terrain, sans interviews… Or beaucoup d'épreuves ont dû être reportées, il y a eu des manifestations, blocages, distribution de tracts, actions symboliques… L'AFP informe pourtant dans une dépêche que : « Selon un premier décompte du SNES-FSU, premier syndicat du secondaire, 40 % des établissements qui passaient les épreuves ont été concernés par des grèves ou encore des actions symboliques. »

Vendredi 24 janvier 2020

Hier, j'ai passé la soirée à préparer une pancarte pour la manif, je n'en ai jamais fait auparavant, mais cette fois je veux être visible. Cela fait plusieurs jours que je réfléchis à mon slogan… Je veux faire passer le message que le système de retraite pour lequel nous nous battons est le fruit des luttes de nos aînés. Il ne faut pas l'oublier ! Mon slogan sera le suivant :

Toujours là, en lutte
Pour préserver nos ~~acquis~~
conquis sociaux

C'est Ambroise Croizat, fondateur de la Sécurité Sociale en 1945 alors qu'il était ministre du Travail, qui m'inspire. Cet homme politique et également syndicaliste responsable de la CGT nous alertait déjà en prononçant ces mots : « Ne parlez pas d'acquis sociaux, mais de conquis sociaux, parce que le patronat ne désarme jamais. » Ces conquis sont entre autres la journée à 8 heures, la réduction progressive du temps de travail, les congés payés, la retraite, la sécurité sociale, de nombreuses garanties collectives.

Je mets un temps fou à inscrire de grosses lettres de couleur sur ma pancarte en utilisant un pochoir prêté par ma collègue d'arts plastiques. Depuis le début de ma dépression, je constate un véritable ralentissement psychomoteur de ma part en plus d'une grande fatigue. Tout est un effort. Je suis dans la chambre des enfants au bureau de

Jack, car le mien est trop encombré. Anna me demande une feuille et crée sa propre affiche en me demandant comment on écrit manifestation. Je ne suis pas peu fière ! Mais qu'est-ce qui rend encore plus fière lorsqu'on déambule sur les boulevards parisiens avec une pancarte au message militant ? Que les gens s'arrêtent pour la lire et vous demandent s'ils peuvent la prendre en photo ! Bien sûr, je dis oui et je suis flattée, mon objectif est atteint : ma pancarte est visible parmi toutes les autres, les grosses lettres de couleur se détachent bien sur le fond blanc. À mi-parcours du défilé je suis approchée par un homme au blouson en cuir noir, les cheveux légèrement grisonnants, il est de type maghrébin et très beau (je sais ça peut sembler sans importance… mais si ! Il est important de noter que je suis sensible à son charme.) Il montre ma pancarte à son collègue, en attirant son attention sur les mots « conquis sociaux ». Il me dit qu'il est journaliste et me demande s'il peut m'interviewer. Je dis oui sans hésiter. Mes collègues Marianne, Pierre et Valentin avaient été interviewés par le journal *Le Monde* lors d'une des premières manifs de décembre et j'aurais tellement aimé avoir mon nom cité dans l'article avec les leurs (je suis abonnée au *Monde*). Je m'étais donc dit ce matin en me rendant à Paris que si un journaliste m'approchait je devais être préparée à savoir quoi dire. Facile, il me suffirait de citer Ambroise Croizat et d'expliquer pourquoi cette expression me tient tant à cœur. Je me retrouve donc face à une mini caméra ornée de deux micros pointés vers moi et je réponds aux questions du journaliste de manière assez fluide en marchant à côté de lui ce qui est un exploit pour moi. J'arrive même à placer que contrairement à ce que les grands médias véhiculent comme message, le mouvement ne s'essouffle pas, que nous sommes déterminés comme au premier jour. En quelques minutes, c'est bouclé, j'ai déjà oublié pour qui ce journaliste travaille ! Valentin immortalise ce moment en prenant une photo que je garde précieusement.

Ce que ni le journaliste ni personne ne sait en fait c'est qu'il y a un double sens à mon slogan, à la première partie du slogan : C'est moi aussi qui suis toujours là, en lutte, malgré mes difficultés.

14 février 2020

Des pétitions circulent pour sauver l'hôpital public : pour soutenir la demande des personnels hospitaliers d'un financement nécessaire pour des ouvertures de lits, l'embauche de personnel et la revalorisation des salaires. Les soignants seront dans le cortège de la prochaine manifestation contre la réforme des retraites.

20 février 2020

Les avocats des Sables-d'Olonne reproduisent le radeau de la Méduse en signe de protestation !

Le gouvernement évoque l'utilisation du 49.3 pour faire passer la loi à cause des insoumis. Bien sûr ! C'est comme quand ils sous-entendent que le chômage est de la faute des chômeurs, que pour régler la crise climatique il faut responsabiliser les gens, car c'est de notre faute. En gros, la stratégie est de faire porter la faute aux victimes du système ! Je suis écœurée et ce qui me perturbe grandement est le déplacement de la responsabilité de l'agresseur sur l'agressé.

Partie II
Brisures

Lundi 7 janvier 2019, *le premier jour du reste de ma vie*

Cette première séance de psychothérapie avec Mme Stein m'a fait un bien fou et le premier mot qui me vient à l'esprit est « lovely woman. » Dans le sens adorable, le « lovely ». Je pense que ce sera tout à fait la personne qu'il me faut pour mettre des mots sur mes émotions et les difficultés que je rencontre parfois (lié au bagage du passé sûrement) et m'aider à gérer ces émotions… Elle est très posée, analyse très vite les choses, on sent qu'elle a beaucoup d'expérience. Je dirais qu'elle a environ cinquante ans. Elle est d'une grande bienveillance et ouverture d'esprit et très concentrée sur ce que je lui dis.

Ce que j'ai bien aimé c'est que la séance est vraiment comme une discussion, bien sûr c'est moi qui parle le plus, mais elle pose des mots justement sur telle ou telle situation, sentiment, vécu, toujours à partir de ce que je lui donne à entendre. Elle m'a laissé commencer par dire ce que je voulais donc j'ai commencé par parler de ma côte cassée ne serait-ce pour lui dire pourquoi j'aurais du mal à rester une heure assise sans trop bouger, car c'est inconfortable ! J'ai fait une radio hier et elle n'est pas juste fêlée comme je le pensais, mais bien franchement fracturée et ça guérit moins vite que ce que je pensais. Bref, j'ai tout de suite dit que pour moi la côte cassée est la conséquence de mon craquage mental de fin novembre où le médecin m'avait déjà prescrit un arrêt de travail d'une semaine. Mon corps avait été fragilisé par mon burn-out professionnel et ma rupture amicale avec Cécile et là il a dit stop.

J'ai voulu parler d'abord de ce qu'il y a de positif dans ma vie : mon mariage, la famille homoparentale qu'on a construite Nathalie et moi, les enfants, mon métier de professeur d'anglais qui m'anime et le succès il y a à peine quelques semaines avec le prix de l'innovation que nous avons reçu au collège tout dernièrement. Elle a été très intéressée par le projet et a dit que ça avait dû être un gros travail en plus de mes journées de cours et que ça avait dû me remettre en situation d'élève. C'est totalement vrai et du coup je me rends compte que c'est ça qui a réveillé ces souvenirs de ma propre scolarité et tout le bagage qui va avec. Pendant quelques semaines, j'étais une élève, une étudiante qui avait une épreuve orale à passer et qui allait être notée, jugée. Cela peut sembler anodin, mais c'est très important pour comprendre pourquoi j'ai tant eu besoin de Cécile, professeur des écoles, avec qui j'ai collaboré. La Cécile enseignante, le regard de l'enseignante, ses encouragements, son approbation, car elle m'a accompagnée pendant ce travail difficile. Outre nos autres échanges sur tout et rien je l'ai consultée à plusieurs reprises sur le diaporama que nous devions soumettre au jury pour le concours de l'innovation, je lui demandais son avis via des messages, car je me suis beaucoup inspirée de ce qui se fait en école maternelle et primaire pour mettre en place mes ateliers de pédagogie active. J'ai expliqué à Mme Stein la correspondance entre nous par mails aussi pendant trois années et demie et le côté rassurant par rapport à l'évolution de mes enfants. Elle m'a dit que nous avons tous été marqués un jour dans notre vie par un enseignant, eu un attachement. Là, ce n'est pas mon professeur, mais nous avons collaboré pédagogiquement, je l'ai vue avec les enfants dans sa classe où j'avais eu la chance qu'elle me laisse intervenir à deux reprises pour des lectures de contes en anglais, en sortie scolaire aussi et c'est vrai qu'on peut faire le parallèle entre l'admiration qu'on peut avoir pour un professeur en tant qu'élève. Cette admiration était mutuelle dans notre cas.

De manière plus générale, j'ai aussi parlé du fait que mon portable est rempli de messages de toutes les personnes importantes pour moi et que je n'efface rien, comme si j'avais besoin de me sentir rattachée à tout le monde. Elle dit que cela vient d'un sentiment de solitude dont j'ai sûrement souffert. J'ai expliqué que ce qui me manque le plus avec Cécile ce n'est pas de ne plus la voir (on ne se voyait pas vraiment !), mais ce sont ses messages et ceux que je lui envoyais, nos échanges pédagogiques, mais aussi sur tout et rien. Cette importance que j'attache au lien écrit, ce besoin d'écrire à quelqu'un, même quelques lignes, tous les jours pendant cette période éprouvante, Mme Stein me dit que c'était sûrement important, car c'était un moment que je prenais pour moi. Le fait que Cécile ne réponde pas à mes derniers messages dont mon dernier mail très personnel (de cinq pages !) – je lui avais aussi envoyé le lien vers la vidéo de notre oral blanc, le diaporama final et aucun retour pour le projet innovant – a été très violent pour moi. Elle a dit que c'est normal, car il y avait un manque de ma part, que quand on écrit quelque chose c'est bien de juste écrire pour évacuer, mais que quand on écrit à quelqu'un la réponse de l'autre est très importante.

Le fait qu'elle ne veuille plus me voir et me refuse l'accès à sa salle de classe aussi pour retourner lire une histoire en anglais aux enfants et poursuivre le projet d'initiation à l'anglais que nous avions entrepris, Mme Stein dit que c'est parce que sa salle c'est comme chez elle, ce serait comme me laisser accéder à chez elle. Bref, elle me dit que Cécile a dû être touchée par tous mes écrits et se sentir dépassée. C'est ce qu'elle m'avait dit en effet quand je lui avais parlé quelques minutes devant son parking professeurs avant les vacances pour qu'elle soit obligée de m'écouter. Elle m'avait dit qu'elle ne pouvait pas m'apporter ce dont j'avais besoin parce que « c'est trop lourd », qu'elle sentait « un grand manque affectif » et avait conclu : « tu m'inquiètes ». Et elle m'avait dit qu'elle avait eu l'impression de lire quelqu'un qui la connaissait depuis dix ans, ça l'avait déstabilisée.

Quand j'ai dit que de passer cet oral devant un jury imposant était ma revanche sur mes propres années collège, Mme Stein a tout de suite creusé. Elle a dit que le mot revanche est un terme fort, qui sous-entend qu'il y a eu un échec, comme si j'avais perdu une bataille ou une partie de quelque chose à un moment. J'ai expliqué que lorsque j'étais moi-même au collège j'étais très introvertie, que je ne prenais jamais la parole, que je ne voulais pas me faire remarquer, pour me faire oublier et espérer être « comme tout le monde ». J'étais incapable de m'exprimer correctement et je n'avais pas de bons résultats scolaires. Là, j'ai de nouveau employé le mot revanche en parlant du fait que je sois devenue enseignante malgré tout. Elle m'a demandé pourquoi je n'avais pas de bons résultats et j'ai dit qu'on ne peut pas réussir scolairement quand on n'a aucune estime de soi, et quand tout simplement sa tête, son esprit sont pris par d'autres préoccupations, on n'est tout simplement pas disponible pour apprendre.

J'ai aussi évoqué mon contexte familial, beaucoup d'amour, des parents et surtout ma mère qui nous voyaient mes frères et moi comme des enfants parfaits et surtout moi, la fille parfaite, qui ne faisait jamais de vagues. Puis la douche froide pour eux au moment de mon coming out. Que j'avais « essayé d'être hétéro » jusqu'à... 24 ans où, finalement, je tombe amoureuse d'une femme et ça loin de chez moi, en Écosse. Elle a dit que j'ai réussi par moi-même en m'éloignant de ma famille. Pas faux.

Enfin, je lui ai dit pour conclure l'entretien qu'il en était ressorti quelque chose de bon de tout ce que j'ai traversé ces deux derniers mois, car ça m'avait permis de renouer le dialogue avec ma femme et que ça va beaucoup mieux entre nous. J'ai beaucoup aimé ce qu'elle m'a dit pour rebondir là-dessus et clore cette première séance :

« Oui, c'est bien aussi, car ça nous a permis de nous rencontrer. On va se revoir et je vais vous aider. »

Automne 1987

« Marie, si tu étais un garçon je sortirais avec toi ! »

J'ai douze ans presque, cela fait quelques semaines que je suis dans mon nouveau collège après en avoir changé au bout d'un an suite à notre déménagement depuis l'île de la Réunion et ma copine Stéphanie est vraiment très sincère en me faisant cette remarque. Mais non, je ne suis pas un garçon donc ce n'est pas possible. Cette phrase à elle seule résume toute la torture des années ado qui allaient suivre.

Qu'est-ce que j'ai pu être jalouse des garçons de ma classe dès la cinquième, je ne les supportais pas ! Ils étaient pour moi des rivaux.

En quatrième, ils me gênaient encore plus, car mes copines recherchaient leur compagnie alors que moi je la fuyais. Je n'aimais pas non plus leurs réactions lors des cours sur la reproduction (biologie à l'époque) comme ce copain qui nous avait lancé, avec un mélange de provocation et de fierté, que les hommes faisaient ce qu'il y a de plus dur dans le processus de reproduction. Je ne comprenais pas l'intérêt que les filles trouvaient aux garçons, j'avais la sensation qu'elles se faisaient avoir et surtout qu'ils me prenaient mes copines, qu'ils me prenaient du temps avec elles seules. Jusqu'en seconde j'ai zappé cette période de premiers baisers, premiers rendez-vous, premiers émois, premiers amours. Pour moi c'était inaccessible. Les seuls garçons qui s'intéressaient à moi étaient efféminés, mais je n'en voulais pas non plus, je ne me laissais pas approcher de trop près, ni par les garçons ni par les filles d'ailleurs. J'avais les cheveux courts, j'avais l'apparence d'un garçon manqué, ce qui me facilitait la tâche.

Automne 1990

En seconde je me suis transformée un peu physiquement en laissant pousser mes cheveux jusqu'aux épaules par imitation pour une copine qui était aussi passée des cheveux courts à longs. J'ai été séparée de mon groupe de copines protectrices du collège, car elles étaient latinistes et moi non et je me suis retrouvée dans une classe où je ne connaissais personne. Je me suis liée avec deux filles, Karen et Irma avec qui je suis toujours en lien de temps en temps et qui vivent actuellement avec des femmes également. Curieux « hasard » non ? En première, je me suis retrouvée dans une classe où il y avait de nombreux redoublants plus âgés que moi. Le « hasard » a fait que j'ai pris place le premier jour à côté de l'un d'entre eux, Christophe, qui était un grand rigolard, très sûr de lui. On est restés ensemble toute l'année et son assurance (de façade sûrement) comblait un peu le fait que je n'en avais aucune. C'est début décembre 1991, au moment de mon anniversaire de 16 ans, que j'ai commencé à sortir en boîte de nuit le samedi soir. J'avais la permission de mes parents et mon père me déposait chez Karen l'après-midi puis nous rejoignions Irma en ville en bus. Se posait ensuite le problème de rentrer. Nous nous faisions reconduire jusque chez elle par des gars que nous ne connaissions pas ou à peine et je me dis qu'il aurait pu nous arriver n'importe quoi. Je disais à mes parents que je dormais chez Karen et mon père venait me chercher vers 8 h 30, mais nous rentrions vers 5 h puis passions le reste du petit matin à discuter. Je regardais ma copine picoler et fumer des clopes en attendant que ce soit une heure correcte pour que je téléphone. À l'époque, heureusement, j'ai développé une véritable aversion pour les alcools forts (Karen carburait au whisky coca) ce qui me sauve maintenant. Quant à la cigarette, je crapotais pour faire comme les autres, mais je n'y étais pas dépendante. Au fil des soirées en boîte, je me suis enfin laissé approcher par des garçons, mais je dirais pour faire comme les autres filles, car à l'époque Karen et Irma cherchaient à tout prix des conquêtes masculines donc j'ai suivi. À part un garçon qui m'avait embrassée en colo au ski, je n'avais aucune expérience. Je me souviens de David qui était plutôt beau et avec qui j'avais dansé et que j'avais laissé m'embrasser toute une soirée, mais là où ça avait coincé c'est quand il m'avait demandé mon numéro de téléphone pour se revoir. Impossible, j'avais gribouillé n'importe quoi sur le bout de papier qu'il m'avait tendu, je lui avais promis que oui on se retrouverait le samedi suivant à 14 h devant le Virgin Mégastore… mais bien sûr non, je n'y suis jamais allée ! Je l'ai revu dans la même boîte quelque temps plus tard, mais j'avais heureusement réussi à m'en défaire et cela allait devenir une habitude, flirter oui, mais pas de suites, rien de plus. Ensuite, il y a eu Rodrigue. Il était vraiment très beau et c'est la première fois qu'un garçon m'attirait vraiment physiquement. Pas très grand, le visage doux, il était tendre et sensible. Avec lui, j'aurais continué, mais c'est lui qui a bloqué et ça a été assez catastrophique pour ma confiance en moi. Le soir où nous nous sommes rencontrés, en discutant, nous avons réalisé que nous étions dans le même lycée. Nous avions convenu de nous revoir le lundi à 11 h 30 avant la pause déjeuner et nous nous étions donné rendez-vous devant le portail principal du lycée. Il m'avait enlacée et embrassée furtivement puis nous avions marché main dans la main le long de l'allée bordée de chênes qui menait au centre-ville. Nous n'étions pas allés jusqu'au bout, il avait voulu revenir sur nos pas. De retour devant le lycée, je me souviens d'être face à lui, il m'avait regardée de haut en bas l'air pensif. J'étais mal à l'aise, à l'époque je ne me sentais pas bien ni dans ma peau ni dans mes vêtements, j'avais conscience que mon jean était trop court et ne recouvrait pas mes bottines, ça faisait moche. Je n'avais pas le style des autres filles ni leur confiance en elle. En quelques instants, il s'était fait son avis, il m'avait regardé dans les yeux et m'avait dit être embarrassé, qu'il ne le sentait pas, qu'il pensait que ça ne le ferait pas entre nous et qu'il préférait ne pas continuer. Je n'en revenais pas, en vingt minutes c'était tranché, je ne convenais pas. Sur quoi se basait-il ? Mon apparence ? Mes vêtements ? Avait-il senti que j'étais mal à l'aise ? Il était vraiment désolé. Nous sommes repartis chacun de notre côté… Je n'en étais pas restée là. Je l'avais attendu quelques jours plus tard, peut-être même le lendemain devant sa salle de classe pour le confronter à nouveau. Il avait été très gentil et était vraiment désolé, mais n'avait pas changé d'avis. « Ça n'a rien à voir avec toi », m'avait-il dit. La courte discussion m'avait permis de passer à autre chose.

Juillet 1993

Après un pique-nique sous les pins, Karen, Irma et moi gravissons la dune qui mène à l'océan. J'adore les plages immenses de l'Atlantique, il m'arrive souvent de penser à ma tante Julia qui se trouve aux USA de l'autre côté ! Les filles sont devant, puis on se pose sur le sable et Karen entreprend de creuser un trou profond et y enfonce sa jambe en entier. Les rires fusent, on a 18 ans, mais on est comme des gamines ensemble. Trois jeunes hommes se trouvent un peu plus loin sur le sable, Karen a en vue le grand blond au corps bien sculpté, bronzé et souriant. Son pendant masculin en somme sauf que Karen est petite. Je souris, car elle est toujours attirée par le même genre de garçons, les tape-à-l'œil, les sûrs d'eux, ceux qui aiment parler fort et se montrer. Les deux autres se font moins remarquer. Moi je préfère le brun, Damien, il est également très beau, mais plus discret, plus naturel. Les trois garçons finissent par venir nous aborder et la discussion s'engage. En très peu de temps, je leur dis que mes parents sont partis pour le week-end, que j'ai une grande maison et qu'ils peuvent venir pour la soirée, je leur donne mon adresse. Ils viennent en effet le soir même et nous mangeons sur la véranda. Là, la personnalité du blond se libère, il est le leader et monopolise la parole, il se vante de ses exploits sexuels de la nuit : « J'ai les jambes cassées, j'ai pas arrêté de toute la nuit. En plus, c'est mon père qui l'avait chauffée. » J'ai dû mal entendre, j'occulte, mais j'ai pourtant très bien entendu. Lui et son copain n'arrêtent pas de rabaisser le garçon brun que j'aime bien. Le blond dit : « Toi on te laisse dans la nature t'es incapable de survivre. » C'est ce qu'ils feront, ils ne le laissent pas dans la nature, mais chez moi. Je n'assiste pas à la scène, je suis en train de ranger à la cuisine, mais une dispute éclate entre lui et le blond, propriétaire de la voiture dans laquelle ils étaient venus et ils repartent sans lui ! Ce n'est pas un problème, même un soulagement, il y a de la place pour loger tout le monde : trois chambres en haut, une en bas plus le lit de la mezzanine. Justement, pendant la nuit, Damien a fait le tour des chambres des filles, sans s'attarder. Il cherchait comme un endroit où se poser pour ne pas dormir seul. Le lendemain, j'apprends que comme avec moi il a embrassé Karen pendant la soirée. Nous en rigolons : « Il est sorti avec deux filles pendant la même soirée » ! J'avais orchestré ce petit moment fleur bleue entre nous. J'étais allée dans la petite cabane en bois où mon père entreposait les chaises de jardin. Pourquoi étais-je allée là ? Sûrement pour être à l'abri des regards des autres. Il y avait une petite fenêtre que j'avais ouverte sur le jardin sur la nuit noire. Je me souviens d'avoir utilisé mon briquet pour éclairer un peu. Il était venu, m'avait prise dans ses bras et embrassée tendrement. Ça avait été assez bref et il était ressorti. J'étais contente. Alors que je venais de me coucher, il est entré doucement dans ma chambre et s'est glissé dans mon lit. Il n'y avait aucune intention sexuelle. Il m'a à nouveau prise dans ses bras. Il était torse nu et j'ai apprécié le contact avec sa peau douce, son torse sculpté. J'aurais voulu le retenir là contre moi, mais il est reparti. J'étais jalouse le lendemain en me réveillant de le trouver endormi dans les bras de Karen sur le lit de la mezzanine. Ils avaient juste dormi ensemble. Il avait donc choisi de se poser là pour la nuit. C'est elle qui le reconduit chez lui le lendemain. Je gère aussi ma voisine lorsqu'elle sonne à la porte un sac de voyage à la main. « C'est à vous, je crois ». Je réponds que non, je ne reconnais pas le sac. Elle me montre alors une étiquette avec le nom et prénom de Damien dessus. « J'ai retrouvé le sac dans notre jardin avec les affaires éparpillées par terre. J'ai pensé que c'était à l'un de tes amis ». Je suis morte de honte, les garçons en partant ont balancé le sac chez ma voisine en vidant toutes les affaires ! Ma crainte première est qu'elle prévienne mes parents, car ils ne sont pas du tout au courant que j'ai organisé une soirée, de surcroît avec des garçons. Je dis que je suis vraiment désolée et heureusement elle ne dit rien dit.

Juillet 1994

C'est mon premier voyage de retour à l'île de la Réunion depuis notre déménagement de 1986 avec mon amie de la cinquième Sandra. Je retrouve mon ami d'enfance Frédéric ainsi que Maria, notre Nénene de l'époque, qui travaillait pour mes parents. Frédéric m'héberge quelque temps puis je loge chez Maria dans leur case assez rudimentaire, mais confortable et spacieuse comparée à celle de Ringo, mon voisin créole pendant cinq années. Un rideau de fer comme ceux qui protègent les vitrines des magasins clôt les soirs de pluie la grande pièce principale où se trouve la grande table à manger où nous prenons les repas. Il n'y a pas de vraie salle de bain, une petite cabine de douche fermée, mais pas d'eau chaude. À côté un petit lavabo et un miroir. Ce confort rudimentaire ne me pose aucun problème tant l'ambiance de la maison est chaleureuse. Maria a alors encore quatre de ses six enfants qui vivent sous son toit plus l'une de ses belles filles. C'est animé et il y a beaucoup de joie et de rigolades.

Je me sens comme en famille chez eux. Je les aime tous tant ! Elle m'a laissé sa chambre et son lit pour que je sois bien ce qui me touche.

Juillet 1995

Je suis employée pendant trois semaines comme jeune fille au pair dans une famille anglaise dans un petit village non loin de Bath. Je m'occupe de trois fillettes dont une n'a que quelques mois. Les aînées sont pleines de vie, un peu chipies et turbulentes donc mon aide est précieuse. J'apprécie le plus de m'occuper de Sally, le bébé, sur laquelle je craque totalement. À cela la mère de famille me demande quelques tâches ménagères comme de repasser les vêtements des enfants. C'est mon père qui a tout organisé et trouvé la famille par des amis qui habitent tout près. Je ne suis pas rémunérée, je travaille en échange d'être hébergée et de pratiquer mon anglais ! Le couple n'est pas très sympathique avec moi, mais je peux profiter de mes jours de repos pour aller faire des visites. Je découvre ainsi Salsburry, les thermes de Bath et passe un week-end chez la sœur de ma grand-mère à Bristol que je suis ravie d'apprendre à connaître pour l'avoir peu vue et qui est aux petits soins avec moi. Lors d'une de mes sorties à Bath, je fais une rencontre déstabilisante alors que je m'apprête à retirer de l'argent à un distributeur. Mon père m'a confié sa carte bancaire, car il possède un compte anglais. Une jeune fille en uniforme scolaire m'aborde et me demande si je ne peux pas la dépanner de dix livres. Elle reste à côté de moi pendant que j'appuie sur les touches du distributeur, mais je ne me souviens plus du code, sûrement perturbée par sa présence. Alors que j'hésite, elle me dit qu'elle a faim, qu'elle pensait aller manger quelque part, est-ce que je voudrais aller avec elle. Je réponds que la carte ne marche pas et elle me propose alors de l'apporter au guichet de la banque pour que l'on me remette en mains propres l'argent, ce que je fais. Bien sûr l'employée au guichet refuse, la fille lui demande pourquoi : « Because I think you're frauding it. » J'explique que la carte appartient à mon père, que je suis en voyage et l'employée me dit qu'il n'aurait pas dû me confier sa carte. Après avoir téléphoné à la mère de famille qui m'employait pour qu'elle vienne me chercher à la banque, je suis assez effondrée, car je réalise que j'étais sur le point de me faire extorquer de l'argent, que j'ai été absolument incapable de la moindre opposition ou résistance. La fille était pourtant plus jeune que moi de plusieurs années l'uniforme étant obligatoire jusqu'en seconde en Angleterre. Je me sens seule, le séjour dans la famille est trop long et je finis le séjour chez les amis de mes parents à la demande de la famille des filles. Ma présence semble désormais gêner. Les amis de mes parents prétextent avoir besoin de moi pour s'occuper de leur fille unique, mais je sais très bien que c'est une manière d'abréger mon séjour au pair dans la première famille.

Juillet 1996

Deuxième voyage à la Réunion avec une autre copine, Stéphanie rencontrée à la fac. Je passe cette fois beaucoup de temps avec Roland, le dernier fils de Maria, qui nous servira de guide et une complicité très forte s'établira avec lui. Je loge à nouveau principalement chez eux. Maria est si fière de m'annoncer qu'ils ont désormais l'eau chaude. Je flirte un soir sur le siège arrière de la voiture du copain qui nous reconduit d'une soirée en ville avec un garçon créole qui s'était entiché de moi, mais cela ne m'avait pas plu. Je suis très mal à l'aise du contact physique avec lui, mais je me sens tellement seule… « Un samedi soir sur la terre » de Cabrel passe à la radio. C'était exactement ça, un samedi soir sur la terre.

8 août 1999

La lettre est accompagnée d'un petit album photo avec à l'intérieur un seul cliché noir et blanc de Kelly et moi. J'ai ma main autour de son épaule, nous avons le sourire éclatant. La photo a été prise le mois dernier dans Green Park lors de notre bref séjour à Londres. Pour rigoler, nous avions aussi posé devant le Ritz juste en bordure du parc, mais je n'ai pas laissé cette photo-là, j'ai choisi celle où nous sommes toutes les deux assises sur l'herbe, nous avions profité du très beau temps pour nous prélasser là un bon moment. Je n'ai pas pu le dire à mes parents. Trop difficile, alors j'ai écrit une lettre et je l'ai déposée avec l'album photo dans leur chambre en leur absence puis je suis partie. Je ne vis plus sous leur toit, mais je fais des allées et venues régulières. Depuis que je suis rentrée d'Écosse et que Kelly est venue me rejoindre en France, nous logeons dans l'appartement d'une copine en attendant de trouver une location. C'est justement ce que j'explique dans la lettre : je vais m'installer avec Kelly et faire ma vie avec elle. Je ne me doutais pas en faisant cela du tsunami que j'allais provoquer pour mes parents. Ils n'étaient vraiment pas prêts à absorber l'onde de choc.

« Ce n'est pas possible Marie. Tu vas entrer dans l'enseignement, tu ne peux pas être avec une femme ! Je vais aller lui parler à ta copine, moi, donne-moi l'adresse où vous logez. » Mon père est déterminé et pense pouvoir « régler le problème » comme à chaque fois qu'il s'en pose un. Et c'est ce qu'il va faire, aller la voir, et Kelly répondra à ses arguments un par un, calmement et patiemment, mais sans se faire entendre. Manque de chance, l'appartement de la copine se trouve dans une résidence à deux pas du collège de ma mère. Elle a peur que ses élèves ou ses collègues nous voient nous tenir la main en public, c'est ce que mon père me dit au téléphone quand, à la suite de leur réaction, je décide d'éviter de remettre les pieds chez eux pendant quelque temps. En revanche, je maintiens le contact téléphonique. J'ai ma mère aussi en ligne parfois, qui me dit à quel point ils sont déçus et tristes, qu'ils ont vu un couple de jeunes sur une mobylette sans casques l'autre jour et que mon père aurait dit : « Ah, j'aurais même préféré ça pour Marie. » Elle aussi. Elle me rapporte également que la réaction de mon père en voyant la photo après avoir lu ma lettre a été de dire qu'il avait envie de vomir. C'est dur. J'éprouve beaucoup de peine, mais je n'ai pas trop le temps de m'apitoyer sur mon sort, car il faut aider Kelly à trouver un emploi, trouver l'appartement, qu'elle ouvre un compte en banque… mais elle parle très peu français. La pression est donc sur moi qui n'ai pas trop l'habitude de faire des démarches… mon père les ayant toujours faites pour mes frères et moi ! Je commence à me sentir assez seule. La rentrée des classes se profile à l'horizon, ma première rentrée en tant que professeur stagiaire, et je suis déjà en train de griller toutes mes forces.

Je rassure mes parents comme je peux : non nous ne nous tiendrons pas par la main devant le collège de maman, en fait nous ne nous tenons jamais la main en public. Non il n'y a rien de malsain à être en couple avec une femme, les images provocantes de la gay pride ne sont pas représentatives de la vraie vie. Nous visitons plusieurs logements et en choisissons un dans une résidence toute neuve… juste à côté de celui de la copine et donc du collège de ma mère. Kelly décroche un poste d'assistante d'anglais en école primaire. L'inspecteur de circonscription que nous rencontrons (je vais avec elle au rendez-vous) est ravi, car elle possède une voiture ce qui n'est pas souvent le cas chez les assistants, il pourra donc l'affecter dans trois écoles assez distantes de la ville. L'ouverture du compte en banque n'est pas aisée, car il faut un garant, heureusement je gagne désormais ma vie donc ça passe. Le mois d'août se passe, mais je ne souffle pas vraiment.

1er septembre 1999

Le jour de la rentrée, je fais partie des quelques stagiaires qui n'ont pas encore de professeur tuteur. L'accueil que la principale me réserve dans mon collège de rattachement est plus que glacial, elle est franchement désagréable. Je dérange clairement, car elle ne sait pas quoi faire de moi. « Je n'ai pas de tuteur pour vous au collège et pas de service à vous confier, car tous les postes sont déjà pourvus. » J'assiste à la réunion de prérentrée, mais je n'ai pas de classes, pas d'emploi du temps. Je suis en attende d'une autre affectation. Pourtant le cadre dans lequel se trouve ce petit collège fait rêver, nous sommes à Lège Cap Ferret sur le Bassin d'Arcachon. La principale est odieuse avec tout le monde, j'entends les commentaires des professeurs et ils semblent tous ne pas du tout l'apprécier. Ça avait mal commencé, j'étais passée au secrétariat à mon arrivée, la secrétaire m'avait remis une pochette avec les documents de rentrée puis j'avais trouvé la salle des professeurs où j'avais patienté avec d'autres collègues, le nez dans mon dossier sans oser parler à qui que ce soit. La principale était venue me chercher pour me demander de la suivre dans son bureau et s'était adressée à moi d'un ton sec et infantilisant : « Vous auriez dû venir vous présenter à moi. Je vous le dis parce que vous êtes stagiaire, on doit toujours se présenter au bureau du chef d'établissement. » Je réponds que je suis désolée. En effet ça semble évident, mais j'ai la tête ailleurs. Je ne vais tout de même pas lui dire que je suis déboussolée, car mes parents me renient à cause de mon coming out ! Puis elle poursuit, agacée, me faisant comprendre qu'elle ne sait pas trop quoi faire de moi faute de tuteur… Quand j'y repense je me dis quel manque de chance pour le premier jour de ma carrière dans l'enseignement, tomber sur une principale grincheuse qui était visiblement odieuse et hautaine avec tout le monde, il aurait pu y avoir mieux !

Une semaine plus tard à la réunion des stagiaires de toute la région, les personnes qui comme moi n'ont pas d'affectation sont priées de patienter autour d'une petite table où l'inspectrice d'académie (l'IPR d'anglais) doit s'entretenir avec nous. Les autres sont briefés dans un amphi. Je pense alors avoir un collège, car entre temps le principal de ma mère, qui lui avait rapporté mes déboires, s'était fendu d'un coup de fil au rectorat pour leur dire qu'il avait un professeur qui pourrait être ma tutrice. Ce n'était autre qu'une collègue de ma mère ! Je naviguais alors tellement à vue que je n'avais pas protesté et j'étais même allée observer l'un de ses cours, on m'avait remis un emploi du temps… Quand j'avais dit à l'IPR que j'avais finalement une affectation, elle avait tiqué : « Je ne sais pas qui M. O. a contacté au rectorat, mais ce n'est pas la façon de procéder. » Elle m'avait ensuite retenue une fois les autres partis, car elle avait bien vu que je commençais à craquer lorsque je lui avais dit : « Non, ce n'est pas possible, je ne peux pas changer d'établissement une troisième fois. Vous ne vous rendez pas compte ! » Et les larmes étaient montées.

Une fois seule avec elle je m'étais ressaisie et elle s'était adressée à moi avec une grande bienveillance : « Ne vous inquiétez pas, je me suis chargée personnellement de trouver les tuteurs manquants, Mme C. a beaucoup d'expérience. Je vais l'appeler pour lui dire que vous êtes fragile, vous verrez, ça va bien se passer. » La honte totale, je passe d'être un boulet à fragile. Je ne suis pas fragile, je m'en prends juste plein la tête depuis des semaines c'est tout !

Effectivement, l'IPR avait dû se montrer convaincante, car ma tutrice était excellente et l'année passée à ses côtés dans un autre petit collège du Bassin aura été vraiment bénéfique.

6 décembre 1999

J'ai 24 ans. Je me souviendrai toujours de la surprise qui m'attendait aujourd'hui en rentrant du collège : des paquets cadeaux emballés d'un papier brillant bleu m'attendaient sur la table de l'entrée ornée de petites bougies et dans la chambre ainsi qu'une carte. Kelly les a choisis et emballés avec soin, je me dis que c'est presque dommage de déchirer un aussi beau papier. C'est la première fois (excepté de mes parents) qu'on a pour moi autant de belles attentions. Je suis vraiment très touchée et je ne m'y attendais pas du tout. Nous allons dîner au restaurant avec mes amies, c'est un moment très agréable et joyeux. Les filles m'offrent en cadeau commun une montre en argent. Je me sens bien entourée, ce qui atténue un peu la souffrance causée par la rupture avec mes parents.

Janvier 2000

Ma mère appelle un jour pour nous inviter à déjeuner chez eux. Elle prend sur elle, car elle veut me voir et j'apprécie. Les événements pourraient commencer à s'apaiser, mais Kelly commence à être malade. Des semaines que nous ne savons pas ce qu'elle a. Ses maux de ventre et ses douleurs abdominales surgissent après les repas de manière de plus en plus fréquente, mais aussi avant d'aller quelque part ou lorsqu'elle est stressée. Nous enchaînons les rendez-vous chez le médecin, elle fait une endoscopie et finit par être opérée de la vésicule biliaire, mais nous saurons plus tard que là n'était pas le problème. Elle finit par être adressée à un gastroentérologue, un jeune docteur adorable et très rassurant. Il décide de l'hospitaliser dans la clinique où il travaille pour faire des examens plus poussés. Je me souviens du matin où je l'ai croisé dans les escaliers qui menaient à la chambre de Kelly. Il venait de la voir et m'a dit : « Nous avons trouvé ce qu'a votre amie. Je vais repasser plus tard pour tout vous expliquer. Ce n'est pas grave, mais c'est une maladie embêtante. Je reviens dans la matinée ». Il est bien repassé ce matin-là et a pris du temps avec nous. Il a dessiné au crayon sur une feuille un schéma de l'intestin pour nous montrer la zone malade. C'est ce jour-là que j'ai entendu pour la première fois le nom de la maladie de Chron, qu'il s'agissait d'une maladie chronique, une inflammation de l'intestin. Il lui prescrit un traitement par corticoïdes.

Juin 2000

Les corticoïdes que prend Kelly ne la soulagent plus et les douleurs sont toujours présentes et très intenses. C'est horrible de voir la personne que l'on aime avoir mal sans pouvoir rien faire, mais je me dis que pour elle c'est pire. Le docteur M. décide de l'hospitaliser de nouveau et cette fois Kelly est placée sous nutrition par sonde parentérale. Le but est d'éviter les immunosuppresseurs, étape juste avant l'opération qui consiste à couper et raccourcir l'intestin, ultime recours pour soulager le malade. Je retrouve la solitude lorsque je rentre seule dans notre appartement tous les soirs après les heures de visite. Ça me fend le cœur de voir Kelly reliée à un cathéter introduit dans sa veine sous-clavière droite et ne plus pouvoir manger d'aliments. J'enchaîne les trajets au collège, à l'IUFM et à la clinique ce qui me fatigue beaucoup. J'ai perdu du poids et je suis vraiment maigre.

Une amie de Paris rencontrée lors de notre année en Écosse nous rend visite à la sortie de Kelly. Elle est accompagnée d'une amie et leur venue nous fait du bien, nous faisons des sorties à la plage. Un soir cependant, Kelly est prise de crises de panique. Je ne sais pas comment réagir, mais Agnès qui a déjà connu ça lui tient les mains et la rassure. Cela se produit une deuxième fois la même nuit et elle fait pareil. Elle dit qu'il faut « la ramener avec nous » pour qu'elle réalise que tout va bien. La troisième fois Agnès n'a pas le courage de se relever et je téléphone aux pompiers. Après une nuit en observation, les médecins ne décèlent en effet rien de physique. Avant son départ, Agnès me demande dans un moment en tête à tête : « Tes parents te soutiennent ? Je demande ça parce que c'est bien d'avoir le soutien de ses parents dans des moments difficiles comme ça. »

Je ne peux rien répondre. Mon silence en dit long et je réalise que non, je n'ai pas le soutien de mes parents.

Partie III
Mémoire et généalogie

Marco

Août 1980, île de la Réunion

Ce matin-là un grand camion s'avance dans la petite rue étroite avant de stationner devant la maison à étage. Marco est réveillé depuis un bon moment, c'est vendredi et il doit aller au marché, la liste des courses est dans sa poche et la monnaie dans l'autre. Il faudra faire attention à ne pas dépasser la somme cette fois, la dernière fois il a pris des malabars et il n'y avait pas assez pour les brèdes. Heureusement, il s'en était sorti avec un sourire et une belle promesse. Marco ne voit pas souvent des camions de la sorte. Les « tracteurs canne » comme on les appelle ici qui déchargent la canne à sucre à la balance canne à l'intersection de l'avenue qui mène au centre-ville ne sont pas pareils. Celui-ci est fermé, il a un toit, rien ne peut s'en échapper contrairement aux cannes à sucre qui débordent de manière désorganisée et tombent fréquemment au bord de la route. Et puis les tracteurs canne roulent très lentement, celui-ci doit aller plus vite, Marco inspecte les gros pneus bien robustes et se dit que l'engin vient peut-être de Saint-Denis, peut-être même qu'il circule parfois sur la route de la corniche pour regagner l'autre côté de l'île. Marco n'a jamais pris la route de la corniche, n'a jamais quitté l'est, il n'a quitté Saint-André qu'une seule fois pour le jugement. D'ailleurs, Mme Thierry n'a pas de voiture, comment pourrait-il aller plus loin que ses trajets en car avec le collège pour aller dans les hauts, la plaine des Cafres, Salazie, se baigner à la rivière des roches. Les pensées du garçon vagabondent, cela fait deux ans maintenant que Lucie et lui sont chez Mme Thierry. Son père, il y pense encore sans cesse, mais ça fait moins mal depuis quelques mois. Au moins, il n'a plus de coups et surtout Lucie ne risque plus rien ici.

Ses yeux scrutent le camion… il y a des cartons dessinés dessus, la maison des voisins va être de nouveau occupée. Mais par qui ? Un monsieur grand et mince aux cheveux bruns se tient devant le portail, short et t-shirt très blancs. Il a des chaussures de sport. Marco trouve qu'il ressemble à un des acteurs qui passe à la télé dans les films qu'il a parfois le droit de regarder ou à un joueur de tennis. Il a les yeux très bleus et il est souriant. Un zoreille, la maison va être occupée par un zoreille. Marco est content, ça changera. Il ne comprend pas les inscriptions « zoreilles dehors » qu'on lit souvent sur les murs en ville. Tamouls, Cafres, Chinois, Arabes vivent ensemble en bonne entente à la Réunion, mais la présence des métropolitains sur l'île en dérange certains. Ce jeune homme a l'air intéressant, il doit avoir environ 35 ans. Mais que va-t-il faire seul dans cette grande maison ? Marco n'a pas le temps de s'attarder, il doit aller au marché et ensuite il devra laver son linge en rentrant. Peut-être que Mme Thierry le laissera garder la monnaie cette fois. Il remonte le chemin et laisse le zoreille diriger les messieurs qui déchargent meubles et cartons du camion.

Hans

Mars 1944, Yougoslavie

Hans n'a que 2 ans lorsque lui et sa famille ont fui vers l'Autriche pour aller vers les forces américaines et anglaises et pour éviter d'être encore en place lorsque les Russes arriveraient en Yougoslavie. Tout le monde avait une peur bleue des communistes. Avec sa grand-mère, sa mère Renata, sa sœur aînée Hilda et son plus jeune frère Herbert, ils ont marché, fait certains bouts de chemin dans la benne d'un camion et une partie en train. Sa mère était enceinte de Jaques qui est né en Autriche en novembre 1944. Son père (Jacob) avait déjà été tué et son grand-père fait prisonnier en Russie.

Hans ne sait pas s'ils ont été fortement encouragés à quitter la Yougoslavie, comme toutes les populations d'origine allemande dans tous les pays voisins (Hongrie, Tchécoslovaquie…) ou si sa mère a décidé d'elle-même de partir. À l'origine tout le monde devait partir pour l'Allemagne. Plusieurs de ses tantes, oncles, cousins y sont arrivés et y sont resté pour de bon. Peut-être ont-ils dû s'arrêter en Autriche, car sa maman, enceinte, n'avait pas la force d'aller plus loin. Ils n'en ont jamais vraiment parlé, probablement parce que c'était de trop mauvais souvenirs pour sa mère et sa grand-mère.

Après quatre à cinq semaines dans un camp de réfugiés : une baraque avec deux ou trois familles dans la même pièce, des lits à au moins trois étages dont Hans se souvient, Renata a eu un logement chez l'habitant ; le rez-de-chaussée et la cave et les propriétaires (des juifs) avaient gardé le haut. Il pense que leur logement a été réquisitionné et ils n'ont pas eu leur mot à dire. Son grand-père les a rejoints en 1947 ou 1948 en revenant de Russie où il était prisonnier. Ils ont vécu là pendant cinq ans avec seulement six mois d'école pour Hilda et Hans la dernière année, car il y avait près de deux millions de réfugiés en Autriche et ils étaient complètement dépassés.

La sœur de son père, la tante Kirsten, a vécu quelque temps avec eux lorsqu'elle est revenue de Russie où elle était prisonnière aussi puis a émigré au Canada (avec beaucoup d'autres allemands de Yougoslavie). Hans et sa femme Kate en ont rencontré plusieurs lors d'une année à Toronto, qui avaient connu Jacob. Pourquoi sont-ils arrivés en France, il n'en sait rien. Ils n'y connaissaient personne et ne parlaient pas la langue. Sa maman avait appris un peu de français quand elle était interne dans un lycée en Allemagne, juste avant que la guerre n'éclate. Il se trouve juste qu'il y avait un contingent de réfugiés qui y a été envoyé et ils en faisaient partie. Plusieurs familles ont été envoyées dans la région de Lyon et eux en Seine-et-Oise à ce moment-là. Le grand-père de Hans a retapé l'étable d'une vielle ferme pour en faire un logement et Renata a trouvé un travail dans la laiterie d'une très grosse ferme juste à côté. C'est là qu'elle a rencontré George qui était régisseur du domaine, veuf avec 3 jeunes enfants… Ils ont eu une fille, Marie-Claire, ensemble.

Kate

Kate est née en Angleterre en 1946. Son père, après avoir travaillé pour la Royal Navy, a fait une brillante carrière dans la police et ils ont dû souvent déménager pour le suivre. C'était difficile pour elle de s'adapter à chaque fois. Elle a été enfant unique pendant dix années avant que sa petite sœur, Julia, ne naisse.

Kate a toujours eu une relation difficile avec sa mère Amy. Elle ne s'est jamais sentie désirée et avait confié une fois à sa sœur que leur mère l'avait voulue uniquement pour avoir un souvenir de leur père si jamais il était tué pendant la guerre. Elle n'a jamais pu lui exprimer cette sensation de ne pas avoir été désirée et aimée, car si elle l'avait fait, Amy lui aurait dit clairement que cela était faux. Amy avait en revanche exprimé à Julia que ce qu'elle avait toujours voulu dans la vie c'est créer la famille qu'elle n'avait jamais eue. Amy a été placée en famille d'accueil juste avant l'âge de deux ans après le décès de sa propre mère. Elle se souvenait toujours après plus de 80 ans avoir été enveloppée dans une couverture et emmenée de chez elle pour vivre avec ses parents adoptifs. Une histoire lourde à porter que Kate a dû ressentir aussi.

Marco

Le zoreille a été rejoint par sa famille. Sa femme est très belle et a l'air douce et affectueuse. Ils ont trois enfants, deux garçons et une fille. Ils sont très joyeux. Marco se demande ce que cela fait d'avoir des parents qui s'aiment, d'avoir des parents tout court. Les trois enfants sont tout le temps ensemble. Le petit garçon est drôle, Marco n'a jamais vu un enfant aux cheveux blonds comme les siens avant lui, ils sont presque blancs ! Par-dessus le muret le monsieur lui a parlé, il a vu qu'il les regardait et s'est présenté. Cette fois il avait une chemise très blanche où Marco a pu lire Raiatea. Ses vêtements sont beaux, Marco n'arrive jamais à bien laver ses t-shirts et ses chemises dans la bassine, c'est pour ça qu'il ne porte rien de blanc, mais plutôt du marron, du gris ou des couleurs foncées. Lucie, elle, a plusieurs robes à fleurs. Le monsieur s'appelle Hans, il a dit que c'était un prénom allemand et que sa femme, Kate (diminutif de Katherine) est anglaise. Ils reviennent d'une année au Canada, à Toronto. Marco a regardé sur son planisphère, c'est à l'autre bout du monde ! Il paraît qu'il fait très froid en hiver là-bas et que les gens vivent tout le temps à l'intérieur, il y a comme une ville souterraine, Hans a dit. Ça doit leur faire bizarre d'arriver ici. Hans dit qu'ils sont professeurs d'anglais et vont travailler au collège. Il a dit qu'il va installer une petite piscine ronde dans le coin du jardin et que Lucie et lui pourront venir se baigner.

***

Marco s'est baigné, mais Lucie n'a pas voulu, elle n'aime pas se déshabiller et montrer son corps, du coup Marco n'est pas resté longtemps dans l'eau, mais c'était drôle d'être dans la petite piscine des voisins. Hans adore bricoler, il a plein d'outils qu'il a accrochés au mur du petit local en bois à côté de la piscine. Pour savoir où accrocher chaque outil, chaque clé, scie, marteau, niveau… il en a dessiné la forme au crayon sur un panneau en bois. Marco trouve que c'est une bonne idée. Ce matin, quand Hans est sorti dans le jardin, il a vu Marco couper l'herbe de Mme Thierry aux ciseaux par terre. Il était surpris et a proposé de lui prêter sa tondeuse. Marco n'en revenait pas : une tondeuse ! Quelle fierté ! Et puis si Hans lui prête sa tondeuse, c'est qu'il lui fait confiance. Plus tard, Marco aimerait bien avoir une tondeuse et des outils. Une femme et des enfants, il ne sait pas, ça fait trop mal d'y penser depuis que sa maman n'est plus là. Heureusement, il a Lucie, ils sont bien tous les deux. Ils resteront toujours ensemble.

Renata

Renata était puéricultrice, elle travaillait dans un jardin d'enfants, Kindergarten, comme on disait autrefois. À l'âge de 15 ans, elle est partie en train seule, courageusement, étudier dans une école à Freiburg, donc loin de chez elle et ne revenait qu'une fois par an ! Elle était très bonne élève et avait obtenu une bourse, c'était un établissement catholique. Ensuite, elle a fait partie, de retour en Yougoslavie, d'un groupe folklorique et gymnique, c'est là qu'elle a rencontré Jacob. Il était instituteur, et aussi rédacteur d'un journal local (et politique). Elle avait 19 ans lorsqu'ils se sont mariés, il y avait beaucoup de collègues militaires à leur mariage, cela ne plaisait pas trop à ses parents, mais Jacob était un homme connu et apprécié. Petite fille, Renata attendait toujours avec impatience le retour de son père, maçon, qui ne rentrait souvent qu'une fois par mois lorsque les chantiers de construction étaient loin.

Renata et ses enfants ont vécu une période traumatisante et lorsqu'ils sont arrivés en France, leur terre d'accueil, Renata a tout fait pour qu'ils soient intégrés, surtout plus tard en Dordogne où ils allaient rester longtemps et où les mentalités n'étaient pas très « ouvertes » vers les étrangers, particulièrement au lendemain de la guerre ; afin d'éviter qu'ils se fassent traiter de « sales boches » on a toujours dit qu'ils étaient yougoslaves et non allemands, ce qui était la stricte vérité puisque c'était leur pays de naissance… et à cette époque les gens n'étaient pas très instruits sur la géographie et les frontières… mais ce qui est certain c'est qu'en portant un nom germanique, ils se sont quand même fait insulter, c'est arrivé, ponctuellement ; Hilda a souffert de racisme dans l'Oise, elle en a souvent parlé ; tous les quatre ont fait l'objet de jalousies parce qu'ils étaient très bons élèves… et ont certainement été questionnés sur leur origine. Herbert et Hans ont dû prendre un prénom français pour faire leur communion.

Renata a fait le choix de ne pas parler de son passé, pour plusieurs raisons : un immense traumatisme, elle faisait souvent des cauchemars ; par respect pour son nouveau mari George ; pour faciliter l'intégration de tous dans ce qu'elle considérait comme sa terre d'accueil, elle disait que lorsqu'un pays vous accueille, la moindre des choses est d'en adopter la langue et le mode de vie ; pour éviter les polémiques et les ennuis. Elle avait gardé des photos – très belles – de son premier mari, mais uniquement au niveau du portrait, toute insigne militaire supprimée.

Pourquoi se sont-ils installés en Yougoslavie ? C'était leur pays de naissance, c'était la Yougoslavie qui n'existe plus telle quelle aujourd'hui, et eux étaient des descendants des colons allemands, venus s'installer dans ces régions et y cultiver les terres. À la mort de son mari, Renata a été rapatriée par la croix rouge locale en Autriche ; on lui a donné des couvertures pour protéger les enfants et elle-même enceinte ; durant leur voyage en train, ils ont dû souvent descendre du train et se cacher dans les herbes ou les fossés, car les « orgues de Staline » bombardaient les trains. Plus tard, installés en Autriche, Renata a obtenu un visa pour l'Argentine, mais du jour au lendemain il a été annulé, c'était fréquent en temps de guerre ; d'autres membres de la famille ont pu y aller, certains sont partis au Canada, certains sont retournés plus tard en Allemagne ; avec l'aide d'associations, ils ont pu obtenir des « dommages de guerre ». Sa sœur Kirsten a de temps en temps envoyé un peu d'argent à Renata pour compenser ce dédommagement qu'elle n'a pas pu obtenir, faute de ne pas avoir été guidée correctement, également parce qu'elle ne voulait pas faire de démarches, elle voulait laisser tout cela derrière et construire une autre vie ; elle a tout perdu dans cette guerre : son mari, son métier, son statut social. Ensuite, elle a obtenu un visa pour la France, c'est ainsi qu'elle a été envoyée dans l'Oise et qu'on lui a trouvé cette place de « bonne à tout faire » dans une riche famille de propriétaires terriens ; elle a été rapidement très appréciée : propre, travailleuse, courageuse…

Pendant ce temps, ses parents étaient réfugiés de guerre en Normandie ; avec l'aide de la Croix Rouge, Renata a pu les retrouver et les faire venir plus près d'elle.

Marco

Décembre 1980. Willie va bientôt partir, il a obtenu une place en internat au lycée à Saint-Denis. Marco a hâte qu'il parte, comme ça il sera le seul garçon chez Mme Thierry. Marco préfère la compagnie des filles et puis Willie est toujours en train de se vanter de tout savoir mieux faire que lui. C'est sûr, il est plus grand, il doit avoir au moins 15 ans, 16 ans peut-être. Les filles Lucie et Hélène le trouvent drôle et beau, mais Marco sent bien qu'il n'est pas honnête, qu'il joue la comédie. En plus, il est invité à l'anniversaire de Marie la semaine prochaine. Kate et Hans les ont tous invités. Il y aura aussi Andréa, la copine de Marie qui vient souvent. Avec Edouard et Chris, les frères de Marie, ils seront toute une bande et c'est vrai qu'ils s'amusent bien tous ensemble. Kate a dit qu'elle allait faire un gâteau et qu'ils organiseront des jeux. Ils pourront aussi se baigner dans la piscine. Une vraie fête ! Marco est impatient ! Dommage que la famille déménage à la fin de l'année scolaire. Hans fait construire une maison un peu plus loin à Champ Borne sur le front de mer. Kate dit qu'ils pourront continuer à se voir, mais Marco sait que non. Les gens disent toujours ça, les enfants se succèdent depuis deux ans chez Mme Thierry et Marco et Lucie n'ont jamais de nouvelles d'aucun d'eux quand ils partent. Enfin, ce sera dans plusieurs mois, pour le moment Marco préfère ne pas y penser.

Michael

L'étendue des expériences professionnelles de Michael sont frappantes. Dans une brochure de l'amirauté l'aide-mémoire d'un officier qui se trouvait à bord du HMS King Alfred, nous pouvons lire que Michael avait 24 ans quand il dirigeait ce navire en 1944 et ses états de service disent de lui que son commandement était : « superior. » En parcourant l'aide-mémoire entre autres recommandations figure celle-ci : « Votre comportement doit être joyeux et enthousiaste. Il est de votre rôle d'inspirer l'enthousiasme, la fierté du navire et du service. N'apparaissez jamais ennuyé ou lassé aussi fastidieuse soit la tâche que vous avez à accomplir. » Julia et Kate ont un jour demandé à leur père au beau milieu d'un travail de peinture qu'il accomplissait s'il ne s'ennuyait pas. « Je ne m'ennuie jamais », avait-il répondu. Et c'était la vérité, Michael se consacrait entièrement à tout ce qu'il entreprenait avec le même soin méticuleux et la même fierté.

Sa nécrologie indique entre autres qu'il est né en 1920 et a perdu son père à l'âge de quatre ans seulement, celui-ci était employé d'une usine de chocolat. Il a fait sa scolarité à la Queen Elizabeth Hospital School à Bristol et a servi dans la Marine Royale pendant la Seconde Guerre mondiale. Son bateau a été torpillé trois fois auxquelles il a eu la chance de survivre et il a été promu sous-lieutenant [grade avant celui de capitaine]. Il a épousé Amy en 1944. Après la guerre il a rejoint les forces de police du West Sussex en Angleterre avant d'être muté à Arundel et promu sergent, puis à Crawley et ensuite à Chypre comme inspecteur aidant à combattre l'organisation terroriste EOKA. Il a ensuite passé 6 ans avec sa famille à nouveau en Angleterre où il était commissaire divisionnaire. Pendant cette période, il a entraîné une unité d'hommes-grenouilles de nouveau dans le West Sussex, car il avait appris la plongée dans la marine. De 1966 à 1976 quand il a reçu la distinction de l'Ordre de l'Empire Britannique MBE (Member of the British Empire), il a franchi les échelons pour devenir chef des forces de police du port de Liverpool. Après sa retraite de la police, il a travaillé comme consultant pour les autorités portuaires du gouvernement de Sierra Leone de 1978 à 1981 après quoi il a pris sa retraite totale avec sa femme Amy sur l'île de Chypre puis dans le Kent et enfin à Steyning en Angleterre.

Un article de journal local le décrit ainsi suite à son décès : « Modest and unassuming Michael had a natural intelligence and courage which enabled him to inspire confidence. He was kind and caring, very well informed, and treated everyone equally and fairly. In his career he attained distinction and proved himself as a man of outstanding quality in the fundamentals of policing. »

Amy

Amy est née en 1922, seulement quatre ans avant la fin de la Grande Guerre. Elle n'a jamais connu sa propre mère qui est décédée lorsqu'elle avait 2 ans. Cela a façonné sa manière de voir les choses et sa détermination à être la mère qu'elle n'avait jamais eue, mais qu'elle imaginait dévouée à ses enfants et à son mari. Elle fut en effet une mère dévouée, sa fille aînée Kate puis Julia dix ans plus tard, une femme dévouée à son mari Michael, une grand-mère et une arrière-grand-mère dévouée à ses huit petits et arrière-petits-enfants. Amy épousa Michael en 1944, durant la Seconde Guerre mondiale. Il est parti rejoindre la Royal Navy quelques jours à peine après leur mariage et elle n'avait aucune idée s'il reviendrait. Elle a dû endurer le Blitz sans lui. À l'âge de 20 ans, elle avait donc eu à faire face à des défis que nous ne pouvons seulement imaginer. Lors de discussions animées entre elle et son mari pour déterminer qui des deux avait le plus souffert pendant la guerre, Amy avait généralement toujours le dernier mot (le dernier audible en tous cas) : « Au moins, vous aviez de la nourriture, vous, dans la Marine. »

Le premier voyage à l'étranger d'Amy n'a pas été facile. La famille l'avait accompagné alors qu'il était affecté à un poste dans la Police maritime à Chypre. Les filles n'avaient aucune idée de pourquoi ils étaient là-bas et appréciaient une vie au soleil, en réalité les Turcs et les Grecs étaient engagés dans un conflit violent et Michael était armé et dormait avec un revolver sous son oreiller.

Après Chypre ce fut le début de nombreux déménagements pour suivre Michael. La volonté d'Amy de s'adapter à chaque fois et son soutien inconditionnel pour sa carrière furent déterminants dans sa réussite professionnelle. Elle passa 4 ans à Sierra Léone où Michael mit en place une brigade de police pour le port de Freetown. Ceci était avant la guerre civile, mais le pays était quand même trop dangereux pour qu'elle puisse se déplacer seule.

Elle rendit visite à Kate à Tahiti et à la Réunion, visita une grande partie de l'Europe avant de s'installer à la retraite à nouveau sur l'île de Chypre avec Michael. Dans la dernière partie de sa vie, elle s'est battue avec un courage admirable contre un cancer à trois reprises.

Marco

Willie est agaçant. Il a fabriqué une poupée pour l'offrir à Marie cet après-midi pour son anniversaire. Lucie et Marco n'ont pas de cadeau, Hélène non plus. Où auraient-ils trouvé l'argent pour acheter un cadeau ? Hans lui fait signe de venir et d'appeler les autres. Andréa vient d'arriver. Sa sœur Annie n'est pas là, dommage, elle a le même âge que Marco et ils s'entendent bien, mais c'est normal, Marie a surtout invité sa copine de son âge. Les cinq enfants franchissent le portail des voisins et Edouard leur bondit dessus tout excité. Il parle d'un jeu anglais : « pass the parcel », ils vont s'asseoir par terre en cercle sur la terrasse, Kate mettra de la musique depuis l'intérieur de la maison et il faudra se passer un gros paquet emballé avec plein de couches de papier cadeau et à chaque fois que la musique s'arrêtera celui qui a le paquet entre les mains aura le droit d'enlever une couche de papier. La personne qui appuie sur la musique ne voit pas les joueurs donc ce sera le hasard qui déterminera qui enlèvera la dernière couche de papier et gardera le cadeau ! Quelle bonne idée ! Ensuite, Edouard leur montre le tableau à craie que Marie a reçu. Il est recouvert d'une grande feuille avec un âne dessiné, mais il manque sa queue. Hans va leur bander les yeux et ils vont devoir essayer d'accrocher la queue de l'âne au bon endroit. Celui qui enfoncera la punaise et le bout de fil au plus près gagnera. Les enfants sautent tous, applaudissent et crient de joie. L'excitation monte ! Les jeux se succèdent et Willie propose une partie de gendarmes et de voleurs. Ils seront les voleurs avec Andréa, Hélène et Marie. Lucie, Edouard et Marco seront les gendarmes. Chris lui est trop petit pour comprendre alors il court partout et essaie de suivre comme il peut. Les gendarmes laissent aux voleurs le temps de s'échapper puis tout le monde se pourchasse de manière désorganisée tout autour de la maison. Tout le monde rigole et crie. La partie se termine et Hans propose aux enfants de se baigner pour se calmer un peu. Chris est déjà dans la piscine. Comme d'habitude, Lucie ne veut pas se baigner, Marco non plus, il emprunte le vélo de Marie pour faire quelques tours. Hélène, Andréa et Marie vont dans l'eau et Willie tourne autour de la piscine pour les faire rigoler. Edouard, lui, aide ses parents à mettre les bougies sur le gâteau. Une fois que tout est prêt, en bon organisateur des festivités, il appelle ses camarades, car il est l'heure de manger le gâteau et de chanter joyeux anniversaire en français et en anglais. Les filles vont se changer dans le local à outils où elles ont laissé leurs vêtements. Willie entre avec elles et s'amuse avec Chris. Ils attrapent des outils et tapent sur l'établi de Hans pour les faire résonner puis tournent autour d'elles. Les filles crient et chantent, elles ont faim et sont impatientes de manger le gâteau au chocolat. Chris ressort du local, mais Willie reste à côté de la porte qui se referme très lentement. Il fait de plus en plus sombre à l'intérieur, seul un trait jaune le long de la porte laisse entrevoir le soleil éclatant et chaud de l'extérieur. Au-dehors, la vie joyeuse continue, Chris et les autres font du bruit, le bruit que font des enfants pleins de vie qui laissent exprimer librement leur joie et leur excitation. À l'intérieur, le temps se suspend, les bruits extérieurs deviennent sourds comme lorsque l'on plonge sa tête sous l'eau, les autres semblent s'éloigner. Les filles se sont désormais rhabillées et sont prêtes à sortir, mais Willie leur dit d'attendre, qu'il veut « juste essayer quelque chose ». Il demande aux filles de baisser leurs shorts et leurs culottes et il en fait de même. Les filles s'exécutent très habituées à ne pas contester les jeux et les idées de Willie puis celui-ci s'avance vers Marie. Il semble très grand vu de près comme ça face à elle. Les cris des enfants jouant à l'extérieur se rapprochent à nouveau, ils doivent tourner juste devant le local. Le temps ralentit puis se suspend, Willie se penche, se baisse jusqu'à presque s'accroupir, se colle contre Marie et essaie de forcer son sexe à l'intérieur du sien. Marie sent la force de son étreinte, la sensation est étrange, une sensation totalement inconnue à cet endroit-là de son corps : ça chatouille, mais c'est dur et ça fait mal aussi. Le geste dure très peu de temps, juste le temps que les filles soient tétanisées. Puis Willie dit : « Ça ne rentre pas. Tu es trop petite. Il faudrait que j'essaie avec une fille plus grande, comme avec Annie par exemple. » Puis il remonte son slip et son short et quitte le local comme si de rien n'était.

Les filles se rhabillent machinalement, Andréa sort en premier, la porte désormais ouverte laisse le soleil brûlant envahir le local, et c'est là que Marie le voit. Marco, qui se tient debout, tapi au fond du local, son pistolet en jouet encore à la main, planqué comme un gendarme. Il était là et il a tout vu. Leurs regards en totale détresse se croisent et se figent un instant les yeux l'un dans l'autre. Ils n'en reparleront jamais.

***

Tout le monde est assis autour de la table pour regarder Marie souffler ses bougies. Une photo capture Willie, Andréa et Marie sur le même cliché. Les filles ont les cheveux mouillés et semblent apeurées, on pourrait croire qu'elles ont juste froid en sortant de l'eau si on n'avait pas connaissance de ce qui s'était passé juste avant. Après le gâteau les enfants retournent jouer dans le jardin. Un peu plus tard, Kate est assise sur la terrasse avec Willie, Marie vient s'asseoir pour boire un verre de sirop. Kate se saisit de la poupée que Willie a offerte à sa fille un peu plus tôt, elle remercie le garçon et dit à Marie : « Tu as vu, elle est belle la poupée que Willie t'a fabriquée, c'est gentil de sa part n'est-ce pas ? » Marie a alors une réaction spontanée de rejet et s'écrie en regardant son voisin droit dans les yeux :

« Elle est moche ta poupée ! »

Puis elle repart jouer. Elle est partie, loin, très loin même de la Marie d'avant. Coupée en deux, scindée pour longtemps.

Partie IV
Chocs en cascades

Vendredi 30 août 2019

« Tu ne vas pas quitter Nathalie pour moi Marie. Je pense avoir été assez claire depuis le début sur ce que je ressens ou plutôt sur ce que je ne ressens pas pour toi. Et puis on ne quitte pas quelqu'un pour se mettre dans une nouvelle relation. »

Je n'ai formulé aucune demande, je me suis juste blottie dans ses bras et je lui ai dit qu'elle m'avait manqué, que je pensais me séparer de Nathalie, car ça n'allait plus entre nous. C'est à ce moment-là qu'elle a recadré. Je suis atomisée, anéantie. Le lendemain, je m'effondre comme jamais dans le cabinet de Mme Stein. Je ne conviens pas, à nouveau je suis inadaptée, pas assez bien, j'ai mal compris, je pensais que peut-être…

Samedi 31 août 2019

Nous sommes le samedi de la fête d'anniversaire des huit ans de Jack. C'est trop, tout est trop, je vais tenir jusqu'au lundi, Mme Stein me dit d'aller voir le docteur, car je suis très mal et que je ne peux pas rester comme ça. Je fais l'effort d'y aller parce qu'elle le dit, car je me dis que ce n'est pas si grave, qu'il y a pire, comme toujours. Le lundi le docteur posera le diagnostic après m'avoir longuement questionnée : dépression majeure de stade sévère. Je souffre physiquement de tout mon corps et je suis épuisée. Je ne veux voir personne, tenir debout m'épuise. Accueillir les copains, copines de Jack et leurs parents, porter le masque et faire bonne figure… j'avais pourtant de l'entraînement, mais cela n'a jamais été aussi compliqué que ce jour-là. J'y suis pourtant parvenue et comme à chaque fois l'après-midi était un succès, les enfants ont passé un super moment et Nath et moi avons bien géré la petite troupe, les jeux, le gâteau.

La rupture amicale avec Cécile l'année dernière s'est ravivée. Son rejet m'avait été insupportable sans parler de l'intervention de son mari m'intimant sans prendre de gants de cesser d'importuner sa femme « pour ne pas avoir plus d'ennuis ». Je passais pour une harceleuse alors que je cherchais simplement déjà de l'aide, mais auprès de la mauvaise personne. Il m'avait écrit entre autres : « Vos problèmes, on s'en fou complet. Bonne année à vous et votre famille. » Je m'étais demandé si Cécile avait écrit le message elle-même en y glissant une faute d'orthographe ou bien si son mari avait lui-même seul pris l'initiative d'écrire depuis la boîte mail de sa femme. Bref, ce message avait été un gros choc et je m'étais sentie totalement incomprise. Nous passions de trois années d'une relation quasi épistolaire et nos messages étaient devenus journaliers à une coupure de contact, alors oui, j'avais relancé plusieurs fois ce qui lui avait semblé harcelant.

Le mois dernier j'étais à Londres pour quelques jours avec mon amie Valérie, avec qui je me suis beaucoup liée. Nous nous portons une admiration mutuelle professionnellement, mais aussi pour nos parcours de vie qui ont beaucoup de similitudes. L'entraide a été réciproque cette année : nous nous sommes aidées dans une période difficile et pour l'une et pour l'autre. Après le séjour à Londres l'éloignement de cette nouvelle personne protectrice m'a créé un manque atroce. Toutes les vacances d'été ont été une chute vers un puits sans fond après avoir connu le top. Je me dis comme souvent que le bonheur ne peut jamais durer, que quand tout va bien pour moi il y a toujours un obstacle et une désillusion. Le mois d'août a été particulièrement terrible. Nath et moi ne communiquions presque plus. Notre petite escapade d'un week-end à Amsterdam a un peu aidé à renouer le lien entre nous, mais il y a encore beaucoup de tensions et de jalousie de sa part envers Valérie et notre amitié qu'elle ne trouve pas très claire. Jusqu'au diagnostic du médecin, je pense que nous devons nous séparer. Je fais même des démarches auprès de mon conseiller bancaire pour savoir si j'ai assez pour contracter un prêt supplémentaire pour l'achat d'un petit appartement en résidence secondaire. L'idée est en fait que je l'occupe, que Nath et les enfants gardent la maison pour ne pas les perturber. Que je continue à voir les enfants tous les jours en habitant tout près, qu'on puisse se voir le week-end et les vacances. Pas du tout une séparation en somme ! Nath pense que je veux un endroit pour ramener qui je veux et vivre une vie de célibataire, mais ce n'est pas le cas. Bien sûr, je voudrais plus de temps avec Valérie, mais pas ramener n'importe qui pour m'envoyer en l'air comme elle semble le dire. Je n'ai jamais fait ça et ça ne m'intéresse pas. En revanche, je souhaite avoir un lieu à moi, au calme, où je peux recevoir qui je veux sans les contraintes de la vie familiale. Nath trouve cela égoïste. Dès que le docteur m'annonce que je dois prendre des antidépresseurs, car je suis à un stade aigu de dépression j'ai un sursaut. Je me dis que je ne dois surtout pas prendre une décision qui va changer ma vie et celle de ma famille dans cet état. C'est aussi ce que le docteur Thomas me conseille. Je décide d'attendre et sitôt que les médicaments commencent à agir au bout de quelques semaines, mon projet de séparation s'évanouira. Nath me sera d'un réconfort et d'un soutien infaillible ainsi que les enfants et je retrouverai très vite le goût d'être avec eux. Même si j'ai très peu d'énergie pour faire des choses et m'occuper d'eux, eux sont là pour moi. La psychothérapie m'aide énormément, le rendez-vous hebdomadaire avec Mme Stein est comme une bouffée d'oxygène qui me permet de garder la tête légèrement hors de l'eau. Je lui dois de m'avoir aidée à mettre du clair dans mes sentiments et de comprendre que l'attirance que j'ai développée pour Valérie, la femme de tête très affirmée, de cinq ans mon aînée, si bienveillante, en phase avec moi professionnellement et avec qui je peux parler pendant des heures, n'était autre qu'un attachement maternel. L'attirance que je pensais sexuelle à un moment est en fait un prétexte pour accéder à autre chose : une affection, une protection, un soutien émotionnel maternel qui a un moment donné de mon enfance ont cruellement manqué.

Peu à peu, le dialogue se renoue avec Nathalie et je réalise qu'elle m'offre déjà cela. C'est elle la meilleure personne pour remplir ce rôle de confidente, de sœur d'âme. Le week-end à Amsterdam seule en tête à tête avec elle la semaine dernière a bien aidé. Je l'avais réservé dès le début de l'été et l'idée pour cette année était d'avoir du temps en famille tous les quatre dans le camping que nous avions déjà réservé l'an dernier, quelques jours séparées (lorsque je suis partie avec Valérie à Londres) et un week-end en couple sans les enfants. La situation était très tendue entre nous et la découverte stimulante de la ville a permis de renouer petit à petit le dialogue. Redécouverte devrais-je dire, car nous connaissions déjà un peu les Pays-Bas pour y avoir emmené des élèves en échange linguistique il y a quelques années ensemble lorsque je coordonnais un projet Comenius pour le collège. Je m'y étais aussi rendue lors des réunions de projet ainsi que la principale et la CPE du collège à l'époque. Des liens très forts s'étaient noués avec les collègues étrangers (Anglais, Allemands, Néerlandais et Polonais) et le coup de cœur pour la Hollande avait été total tant pour les élèves que pour les adultes du partenariat. À l'occasion de mes visites (le projet s'étalait sur trois années, mais les échanges se sont poursuivis encore deux années après) j'avais déjà pu découvrir le musée Van Gogh, la maison d'Anne Frank, les canaux d'Amsterdam en bateau, une usine marée motrice qui protège contre les tempêtes comme une sorte de barrage sur la mer du nord, Nath et moi avions même fait une sortie en Drakar le long de polders un soir ! Il me reste surtout de ce projet la découverte d'une pédagogie innovante dans un établissement pilote à l'architecture dernier cri qui m'a beaucoup inspirée dans mes pratiques et dans le mobilier que nous avons choisi au collège l'an dernier. Nous retournons donc à Amsterdam pour deux jours et deux nuits. Le vendredi soir, nous flânons le long des canaux et dînons dans un restaurant qui propose une cuisine traditionnelle délicieuse. Le samedi, nous visitons l'incontournable Rjiks museum qui rassemble une collection d'œuvres remarquables, mais je suis déçue de ne pas voir autant de tableaux de Rembrandt que ce que j'attendais. Je m'amuse de penser que la technique de peinture que j'affectionne le plus est le clair-obscur. C'est tout moi ça et tout l'environnement dans lequel j'ai baigné lorsque je vivais chez mes parents. De ce week-end à Amsterdam, je retiendrai que ce qui nous a le plus plu ce sont les moments non planifiés, les découvertes inattendues. Nous découvrons en effet à la sortie du musée Rjiks un festival de musique en plein air. Environ cinq ou six petites scènes proposant de mini concerts sur une grande esplanade. Le public est assez jeune et nombre d'entre eux sont déguisés ou portent des tenues excentriques et colorées. En bordure de la pelouse, de nombreux food-trucks proposent toute sorte de nourriture variée, de bières et autres boissons à emporter. Il fait beau, les gens sont détendus et joyeux, c'est communicatif. Le dimanche, nous avions pris des billets pour le MOMA et étions impatientes d'y voir exposées des œuvres de Banksy. C'est un plaisir de voir ses productions les plus connues et d'en découvrir certaines, mais la surprise viendra d'un autre artiste que nous ne connaissions pas. Alors que je traîne inlassablement devant les Banksy à l'étage en pensant à la manière dont je pourrais enrichir ma séquence sur le street art en classe de 3e, Nath vient me chercher pour m'entraîner dans une autre salle au sous-sol où un autre artiste est exposé. « Viens voir, c'est très original. » En effet, nous avons toutes les deux un coup de cœur total pour Daniel Arsham, un artiste américain né dans l'Ohio, mais vivant à New York. Il a inventé un concept génial d'archéologie du futur, une archéologie fictionnelle. Il met en scène les reliques futures du présent en faisant des moulages érodés d'objets modernes pour qu'ils aient l'aspect d'avoir été découverts après avoir été ensevelis pendant des siècles. Nous découvrons ainsi guitares électriques, ordinateurs portables, paquets de céréales, ballons de basket, blousons en cuir qui ont été travaillés pour leur donner un aspect vieilli, usé, partiellement cassé… Arsham utilise le sable et la sélénite (sable, cendre volcanique). Cet univers nouveau me prend par surprise, m'emporte et me fascine. J'aime l'idée que le présent, le passé et le futur soient réunis. Nous sortons ravies de cette exposition, Arsham nous a enfin réunies, Nath et moi, un poids est tombé et nous avons retrouvé une certaine complicité. Peut-être que tout n'est pas cassé entre nous finalement…

La grève nous réunit dans l'action et je retrouve ma femme forte et affirmée comme lorsque nous nous sommes rencontrées. Elle prend les choses en main et réagit enfin, moi qui lui reprochais tant sa passivité ces derniers mois.

Septembre/octobre 2019

Mme Stein me conseille de parler de la bipolarité de ma mère au Dr Thomas, mon médecin généraliste qui s'occupe jusque-là de prescrire mon traitement. Avec cette information le docteur décide de m'adresser à une collègue psychiatre. Elle me dit qu'elle ne prend plus de patients, mais me note son numéro et me dit de bien dire que j'appelle de sa part. La secrétaire prend en note ma demande de rendez-vous et me dit que le docteur me rappellera. Elle le fera et me rajoutera à sa liste déjà bien longue de patients. J'apprécie énormément qu'elle me rajoute et je me dis que le Dr Thomas a vraiment aidé à ce que ça se fasse. D'un autre côté, ça ne me rassure pas. Pense-t-elle que je souffre peut-être du même trouble que ma mère ? Le médecin psychiatre, le Dr Legrand, m'affirme qu'il est trop tôt pour le dire, mais que c'est quand même peu probable. Les entretiens avec elle m'aident et me rassurent énormément. Elle infuse le calme et la sérénité sur moi. J'ai toujours admiré les médecins : quel formidable métier qui a un réel impact sur la vie des gens ! J'ai entendu une psychiatre dire une fois que « les médecins sauvent des vies, les psychiatres sauvent des existences ». Je rajouterai aux psychiatres les psychologues clinicien(ne)s !

Le trouble bipolaire m'intéresse fortement. Mes frères et moi n'avons jamais été informés ouvertement que ma mère en souffrait, cela n'a jamais été parlé chez nous. Sûrement dans le but de nous préserver… et parce que ce que l'on appelait quand nous étions petits la maniaco dépression était un mal tabou et honteux. C'est mon épouse qui lui a demandé directement un jour quels étaient les cachets qu'elle prenait tous les matins. Elle avait répondu que c'était du lithium. Nath m'avait alors expliqué à quoi sert ce thymorégulateur. Depuis tous petits nous l'avons toujours vue les prendre au petit déjeuner. Ma mère nous disait : « Si maman ne prend pas ses médicaments, elle n'est pas bien. » J'apprends par le docteur en psychiatrie et en neurosciences Pierre Alexis Geoffroy de l'hôpital Bichat en écoutant une émission de radio[4] qu'il s'agit d'un trouble de l'humeur qui fait passer la personne qui en souffre d'épisodes lors desquels il y a soit une augmentation soit une diminution de l'humeur et de l'énergie. Il s'agit d'une maladie du cerveau qui touche 1 % de la population, soit 600 000 personnes. Elle affecte autant les hommes que les femmes partout dans le monde. Elle diminue de 10 ans l'espérance de vie. Souvent, le diagnostic est posé tôt, car les premiers épisodes surviennent entre 15 et 25 ans. Parfois, ces diagnostics peuvent passer inaperçus et se faire plus tard. Je redoute ceci pour moi-même, car la grande majorité des personnes bipolaires commencent leur maladie par une dépression et la dépression bipolaire est souvent comparable à une dépression classique. D'après ce que j'entends, il semblerait que ma mère souffre de bipolarité de type 2, c'est-à-dire que les phases lors desquelles l'énergie augmente, les phases maniaques, la réduction du temps de sommeil, l'excitation ou la dépression sont moins importantes qu'au stade 1 et peuvent davantage passer inaperçues. Le docteur décrit bien la phase maniaque comme une rupture de fonctionnement par rapport à l'état antérieur. L'entourage, les proches se rendent compte que l'autre n'est plus comme avant, qu'il va plus vite, a plus d'idées, a beaucoup plus de projets. Cela peut aussi se manifester par de l'euphorie pour certains, de l'irritabilité pour d'autres. Je repense à ma mère lors de notre dernière visite chez eux au mois d'août. C'était exactement ça. Nous avons passé deux jours et deux nuits chez eux, mes deux neveux logeaient sur place avec nous également. Les quatre cousins étaient réunis. Ma mère n'arrêtait pas de parler : une véritable logorrhée verbale. Nous étions tous interloqués. Un monologue où elle ne cessait de parler du passé et de

[4] Sans rendez-vous, Europe 1, 7 janvier 2020

raconter des souvenirs très anciens. Le problème est que ce flot ininterrompu de paroles ne laissait pas de place à un échange. Impossible d'en placer une à table par exemple. Nous nous regardions, gênés, sans comprendre ce qui se passait. Au bout du troisième jour, ma mère a dit qu'elle allait voir le médecin pour obtenir le certificat médical dont elle avait besoin chaque année pour s'inscrire à son activité sportive. Elle était justement pleine de projets : l'aquagym (qu'elle pratiquait déjà depuis un an à l'âge de 73 ans !), la chorale et elle voulait ajouter des cours de peinture. Elle s'était bien renseignée et pouvait rejoindre un groupe tout près, à cinq minutes de la maison. Je trouvais bizarre qu'elle aille chez le médecin alors que nous étions là, elle qui décale habituellement ses rendez-vous ou ses activités dès que nous sommes en visite pour ne pas prendre du temps en famille. J'étais surprise aussi ce jour-là, car ma nièce de 15 ans a proposé de l'accompagner. Je leur avais dit que ce serait long, car c'était un jour de consultations libres et qu'elle n'avait pas de rendez-vous, mais Annie a dit que ça ne la dérangeait pas, qu'elle emporterait un livre. Elle amènera même un livre en anglais que ma mère lui avait prêté. Je me suis revue à travers ma nièce des années auparavant à accompagner ma mère partout pour lui faire plaisir alors que je n'en avais pas toujours envie, mais je n'ai pas proposé que ce soit moi qui l'accompagne ni mon père d'ailleurs. Je n'ai pas cru au motif de chercher un certificat médical, je me suis dit qu'elle sentait qu'elle n'était pas bien et allait voir son médecin ce que je trouvais raisonnable. Elle dira d'ailleurs sans s'en rendre compte qu'elles sont passées par la pharmacie en rentrant. Le médecin lui a-t-il prescrit un médicament pour faire cesser la crise maniaque ? Nous ne l'avons pas su. Si à ce moment-là j'avais su que ce genre de crise pouvait se produire, je me dis que nous aurions pu réagir plus tôt pour entourer et rassurer ma mère ou la faire prendre en charge, mais non, nous ne sommes pas briefés, nous n'avons pas de protocole à suivre en cas de crise. Mon père était aussi dans le déni et démuni. J'étais alors dans un tel état à cause de la grosse crise qui secouait mon couple que j'étais de toute façon incapable de réagir à quoi que ce soit à ce moment-là.

Quelques jours plus tard, nous avons repris la route pour rentrer chez nous, les vacances d'été se terminaient. J'étais très très stressée et agitée. La veille du départ alors que je faisais des allers-retours pour charger les bagages dans la voiture dans la soirée, ma mère m'a prise à part, s'est saisie de ma main et m'a fixée les larmes aux yeux. Ce qu'elle m'a dit sera un facteur précipitant de ma dépression :

— Pourquoi tu as l'air fâchée tout le temps ?

Que répondre à ça ? Que cela fait des jours que son état et son comportement m'inquiètent ? Que mon couple est sur le point d'exploser ? Que les enfants ont entendu Nathalie pleurer une nuit et qu'elle leur a dit le lendemain que maman allait quitter la famille ? Qu'ils sont agités, bruyants et que cela m'oppresse ? J'avais répondu que j'étais stressée car nous avions de la route à faire le lendemain et que je voulais charger les bagages. Ma mère avait poursuivi les yeux rougis de larmes :

— Parce que tu comprends, je ne peux pas m'inquiéter pour toi tu vois. Je m'inquiète déjà tellement pour Edouard qui est privé de ses enfants ce qui est la chose la plus terrible au monde (mon frère est divorcé depuis 6 ans et voit ses enfants 3 week-ends sur 4 et la moitié des vacances). Et je m'inquiète pour Chris, car il ne peut pas avoir d'enfants. Je ne lui pose pas la question parce que je ne veux pas m'en mêler, mais c'est terrible pour lui. Toi, tu es celle qui a le mieux réussi, je ne peux pas m'inquiéter pour toi aussi.

Cette dernière phrase m'a achevée. Je ne supporte plus qu'elle se plaigne à moi des problèmes de mes frères. Moi aussi j'ai des problèmes, et de gros. Et je n'aurais pas le droit de craquer ? Ce soir-là c'est vraiment trop et c'est avec soulagement, mais avec une grande tristesse que je l'ai quittée le lendemain matin. C'est difficile de voir une des personnes que l'on aime le plus au monde en souffrance et je me dis que ça a souvent été le cas depuis que je suis toute petite.

Jeudi 26 décembre 2019

J'ai réservé une nuit à l'hôtel à Bordeaux avec Nath pour couper le séjour chez mes parents. Je choisis un hôtel proche du centre de Bordeaux qui est dans un quartier où j'allais souvent avec ma mère pour faire du shopping lorsque j'étais ado, le lieu m'est donc familier, mais cela fait des années que je n'y suis pas allée. Au programme de nos deux journées : flâner dans les vieilles rues, découvrir de nouveaux restos, écouter de la musique dans des pubs irlandais et aller au cinéma ce que nous avons rarement l'occasion de faire. Il paraît que très souvent une phase de dépression succède à une phase maniaque. C'est ce qui va se produire pour ma mère : elle est très négative, se tient un peu à l'écart de nous pour lire ou faire ses mots croisés, toujours dans la même pièce avec nous, mais pas vraiment là. Elle n'interagit pas beaucoup avec les enfants et laisse mon père s'occuper d'eux. Elle est très négative, Noël la stresse, le repas en particulier, elle parle comme si c'était le dernier qu'elle allait passer avec nous. Elle laisse entendre qu'elle « a fait son temps », que l'année prochaine elle ne sera peut-être plus là. Heureusement, il y a beaucoup de joie et de mouvement dans la maison grâce aux enfants. J'essaie de retourner tout ce qu'elle dit en positif en utilisant l'humour en lui disant comme : « Non, mais tu plaisantes ! Tu es plus âgée, mais en meilleure forme physique que toutes les autres mamans de mes copines qui sont plus jeunes ! Tu fais beaucoup plus d'activités pour t'entretenir. Tu connais beaucoup de personnes qui font de l'aquagym à 73 ans ? » Elle réfléchit un instant et concède : « C'est vrai, toutes les autres femmes du groupe sont plus jeunes. » De temps en temps, elle revient parmi nous si je puis dire, prend part à la conversation, rit même, mais peu, elle qui habituellement anime les repas et aime blaguer. Pour moi, c'est un signe fort. Je note aussi qu'elle est peu agréable avec mon père sur qui elle passe ses nerfs. Il ne se laisse pas faire du tout ce qui donne des échanges de pics très désagréables entre eux. Ma mère reproche à mon père d'être ennuyeux et sans fantaisie. Mon père lui reproche de prétendre tout savoir mieux que tout le monde. Bref, ils ont du mal à se supporter.

Je pense que l'escapade à Bordeaux va aider, mais c'est compliqué aussi. J'ai accumulé une telle tension que je vais faire un bon craquage. Nath et moi voulons chacune voir un film différent. Je souhaite absolument voir *Les Misérables* de Ladj Li, mais Nath pense que ce sera trop plombant et que ça va nous rappeler le boulot. Elle préférerait un film plus léger et voudrait voir *Le Meilleur reste à venir*. Je propose que nous allions voir son film le premier jour et le mien le lendemain. J'apprécie beaucoup Fabrice Luchini, mais beaucoup moins Patrick Bruel, pas du tout pour son jeu d'acteur, mais pour son côté Don Juan et sûr de lui dans la vie. On ne devrait pas se baser là-dessus pour choisir un film ! Je me dis heureusement que nous sommes allées voir ce film, car je suis agréablement surprise et il me fera comme un premier électrochoc. Il s'agit d'une histoire d'amitié et j'adore les histoires d'amitié. À la suite d'un malentendu, deux amis d'enfance, chacun persuadé que l'autre n'a plus que quelques mois à vivre, décident de tout plaquer pour rattraper le temps perdu. À la fin du film, celui qui est réellement malade et en phase terminale d'un cancer renoue enfin avec son père à qui il ne parlait plus et arrive à lui pardonner de ne pas avoir été là pour lui dans son enfance. Ce film me bouleverse. J'ai toujours été très émotive en regardant des films, mais depuis que je suis sous antidépresseurs je ne fonds plus en larmes ou très peu et je suis assez blindée de mes émotions. Le dernier film qui avait provoqué en moi une vague d'émotions avant ma dépression était *Bohemian Rhapsody*, le biopic sur Freddy Mercury de Queen. Je n'ai pas juste pleuré pendant le film, mais véritablement sangloté ce qui est toujours gênant au cinéma. Les thèmes déclencheurs sont toujours les mêmes : dès que cela touche à la famille, à la relation parents/enfants, à la sexualité, à l'homosexualité, à la difficulté de communiquer, à la mort j'ai du mal à maîtriser mes émotions. Pour Freddy Mercury le fait que l'histoire soit autobiographique renforce l'impact du film. La scène qui m'avait le plus touchée est lorsqu'il retourne chez ses parents quelques années seulement avant sa mort pour leur présenter son compagnon. Je trouve touchant qu'il ait réussi à faire cela, mais déchirant de se dire que cela arrive à la fin de sa vie alors qu'il est déjà malade et condamné.

À la fin du film *Le Meilleur reste à venir* je pleure doucement et quand les lumières de la salle se rallument j'arrive à peu près à me maîtriser. Une fois à l'extérieur du cinéma je dis tout de suite à Nathalie que c'était dur pour moi et que je ne me sens pas très bien. Elle voit mes yeux tous rougis et dit qu'on va aller faire du shopping pour se changer les idées. C'était prévu en effet que nous repassions par la galerie commerciale toute proche où j'avais le matin même repéré un pantalon que je souhaitais essayer. La galerie étant sur le chemin de l'hôtel, nous avions prévu d'y passer avant de déposer nos sacs et de nous changer pour sortir le soir. Le problème est que la galerie est celle où j'allais fréquemment avec ma mère. Même si des choses ont changé tout, là-bas, me rappelle ma mère. Je n'ai pas fait quelques pas à l'intérieur que je suis prise de sanglots irrépressibles. Ça ne m'est jamais arrivé en marchant, je ne sais pas quoi faire, car il y a beaucoup de monde autour de nous. Je m'arrête, Nath voit tout de suite ce qui se passe, je lui dis que ça ne va pas du tout, mais je ne sais pas quoi faire, que je crois que j'aurais besoin de m'asseoir, mais il y a du monde, j'ai l'impression que les gens me regardent. Nath me propose de rentrer directement à l'hôtel et avant de tourner les talons elle a un geste qu'elle ne fait pas souvent avec moi et qu'elle n'a jamais fait en public : elle me prend dans ses bras quelques instants le temps que je m'apaise un peu. Je lui dis que les gens nous regardent et elle répond que ce n'est pas grave, puis nous ressortons de la galerie marchande. Une fois dans la chambre d'hôtel je m'effondre sur le lit et je pleure longuement. Je ne sais pas trop pourquoi, mais je comprendrai plus tard que le passé est en train de me rattraper avec force.

Lundi 6 janvier 2020

C'est le jour des deux premiers conseils de discipline auxquels je suis convoquée. Les deux autres auront lieu le lendemain matin.

C'est la première fois en quinze ans que je suis dans mon collège que le conseil de discipline va se réunir pour traiter d'un « jeu à caractère sexuel » et « attouchement à caractère sexuel ». Je suis convoquée en tant que membre élue et représentante des professeurs, Nath est ma remplaçante. Nous hésitions avant, peut-être ne devrais-je pas y assister, j'ai encore pas mal de fatigue et les vacances ont été stressantes, mais Nath a les élèves concernés en classe cette année et c'est toujours mieux d'être le plus neutre possible. On ne l'est jamais tant que ça, sur les quatre élèves convoqués j'en avais deux en classe il y a deux ans lorsqu'ils étaient en sixième. Les faits reprochés sont les suivants :

À la suite de l'incitation d'une influenceuse sur Internet, un jeu à caractère sexuel a commencé à avoir lieu à certains recoins de la cour et lors des trajets vers le gymnase lors des cours d'EPS. Des filles de quatrième en étaient à l'initiative. L'influenceuse avait lancé « aujourd'hui, c'est la journée des mains » et il s'agissait de mettre le plus de mains aux fesses des garçons. Les garçons sont entrés dans le jeu et les mains se sont graduellement déplacées de leurs fesses vers leurs poitrines et leurs hanches. Au bout d'un moment, les attouchements des garçons sont devenus trop pressants et trop fréquents et les filles se sont retrouvées dépassées par la situation. L'une d'entre elles a été suivie jusqu'à son domicile un jour à la sortie des cours, trois garçons les y ont suivies et sont entrés dans son hall d'immeuble. La fille était avec deux autres copines. Le « jeu » s'est poursuivi dans le hall puis les filles ont trouvé refuge à la cave où les attouchements se sont poursuivis. Les garçons étaient totalement galvanisés, les filles criaient et donnaient des coups de sacs pour défendre l'une d'elles qui était maintenue par l'un des garçons pendant que les deux autres lui mettaient des mains aux fesses et aux seins. Elle a finalement réussi à s'échapper de l'immeuble et a pris son bus habituel. Les trois garçons n'en sont pas restés là et ont décidé de la suivre jusque dans le bus pour « la toucher encore ». Le leader du groupe l'a suivie jusque chez elle et l'a forcée à lui faire une fellation. Une plainte a été déposée à la police par ses parents. Bien sûr, nous ne traitons que les faits qui se sont déroulés dans l'enceinte du collège.

Je suis sidérée. Comment se fait-il que ces garçons aient été incapables de contrôler leurs pulsions ? Comment se fait-il qu'ils aient été incapables d'empathie ? Incapable de voir l'autre ? Je veux je prends, je satisfais mon désir tout de suite. Immédiateté… égocentrisme… absence d'empathie émotionnelle et affective, pas d'empathie cognitive : je comprends l'autre et ce qu'il ressent, je peux me mettre à sa place… pas de limite… pas de cadre… carence éducative… toutes ces idées, tous ces mots se bousculent dans ma tête à mille à l'heure. Tout ce que les garçons ont à dire à chaque fois c'est qu'ils jouaient.

Mardi 7 janvier 2020

À 17 heures, j'assiste à l'heure d'information syndicale qui se tient dans le CDI menée par Marianne avec Valentin en appui. Je suis sonnée. Je n'ai pas pu prendre mes élèves et faire cours l'heure suivant le deuxième conseil de discipline ce matin. Nous sommes restés jusqu'au début de l'heure suivante à discuter en salle des professeurs avec les collègues, car nous étions tous très affectés. Je suis épuisée. Je ne ressens rien. Je ne comprends d'ailleurs pas pourquoi je ne ressens rien. Je sais que c'est grave, mais j'ai dû me détacher et me blinder dès la lecture des rapports qui composent le dossier, me mettre bien à distance pour ne pas souffrir, car je suis encore vulnérable… L'hémorragie psychique commence.

Jeudi 9 janvier 2020

AG à Paris puis manifestation l'après-midi.

Lundi 13 janvier 2020

J'invite des collègues chez moi pour rédiger un courrier aux parents et aux professeurs du collège. Je me sens bien entourée et enfin soutenue. Quelle grande fierté que cet écrit collaboratif ! Mon nom est ajouté au groupe noyau dur et je suis fière !

Je ne me sens toujours pas bien, mais je ne comprends pas pourquoi. Ne devrais-je pas aller mieux ? J'ai l'impression d'avoir reculé dans ma dépression alors que j'étais sur le point d'en sortir. Les conseils de discipline m'ont visiblement marquée.

Jeudi 23 janvier 2020

La classe de troisième dont je suis professeur principal commence à mal tourner. Je reçois un SMS de ma collègue de français Barbara qui me prie de l'excuser, car elle voulait finir de remplir les bulletins de ma classe ce soir, mais elle n'a pas le courage de le faire, car elle écrit je cite : « Yliès et Awa m'ont massacrée en classe cet après-midi. » Bien sûr, j'ai changé les noms de ces élèves comme tous les personnages de ce livre.

Je connais Awa depuis l'année précédente, c'est un garçon manqué d'origine maghrébine, tout le temps vêtue d'un jogging et qui ne parle que de foot, elle était dans un club et jouait à un très bon niveau, mais cette année ses parents l'en ont privée. Grande gueule comme on dit, sans filtre aucun, elle impressionne les autres élèves, mais elle est un leader négatif. Je l'apprécie et elle me touche particulièrement. Mon hypothèse est qu'elle est homo, mais que ça lui semble impossible à faire accepter dans sa famille. La maman se déplace facilement à chaque fois que je le lui demande. Lors de nos entrevues, j'insiste toujours sur le potentiel et les capacités d'Awa, mais les résultats ne sont pas là. Autant elle peut être vraiment agréable, autant elle perturbe souvent les cours et elle est pénible pour la vie scolaire, car toujours en retard, même aux intercours, car elle traîne par-ci par-là. On arrive à la tenir grâce à sa maman qu'elle craint beaucoup. Généralement, un coup de téléphone suffit à la recadrer quand nécessaire.

J'ai découvert Yliès cette année. Au bout d'une semaine, j'ai senti que ça n'allait pas. Avec moi il se tenait bien, mais il était exécrable dans certains cours et notamment avec la collègue de français. En vie scolaire, même chose, toujours à traîner avec Awa et à faire du bruit dans les couloirs. Au bout de 10 jours, j'ai posé un rendez-vous à sa maman. Elle s'est présentée avec le beau-père d'Yliès et j'ai senti une grande tension entre eux trois. La maman tentait de se justifier ou plutôt de se conforter dans l'idée qu'elle faisait tout pour son fils comme si j'allais être dans le jugement. Depuis que je suis maman, encore plus qu'auparavant, je ne juge jamais les parents par rapport au comportement de leur enfant, j'essaie de comprendre et de trouver des solutions ensemble. Mon objectif est de faire comprendre à la maman d'Yliès que le comportement de son fils exprime quelque chose, je pense qu'il ne va pas bien. Bien sûr, je ne peux pas le dire directement comme ça alors je fais des détours et je prends des gants, car je sens qu'elle est à cran. Je dis à Yliès que son comportement est inadmissible dans certains cours et dans les couloirs et que je ne le laisserai pas faire. L'année de troisième est importante en raison du brevet entre autres et il est hors de question qu'il empêche les autres de suivre. Je lui conseille aussi de faire attention à sa façon de parler aux adultes, car il est trop familier. Je lui dis par exemple que c'est très gentil de me dire que ma salle de classe est très belle « comme vous madame », qu'il peut le penser, mais que c'est déplacé de le dire. Idem avec ma collègue de français quand il lui dit devant toute la classe qu'il a un grand lit chez lui, qu'elle peut venir ! Ce ne sont pas des propos acceptables. Yliès sourit et ne dément pas. J'explique que nous sommes en tout début d'année et que mon but n'est pas d'être dans la punition et la sanction tout de suite, mais de bien lui expliquer les choses ainsi qu'à sa maman, mais que bien sûr s'il n'y avait pas d'amélioration il y aurait des conséquences. Je poursuis en demandant à Yliès ce qu'il essaie de nous dire à travers son comportement. Je lui demande ce qui ne va pas. Sa maman ne lui laisse pas le temps de répondre et dit d'un ton sec : « Tout va bien. Je ne comprends pas, il a tout ce qu'il faut. Regardez, il est bien habillé (oui il est en effet toujours propre sur lui, il a la dernière coupe de cheveux à la mode, porte souvent des vêtements de marques), pourtant il n'arrête pas de me dire que je ne suis jamais là (la maman d'Yliès est professeur de danse et donne des cours surtout le soir). » Je l'écoute sans l'interrompre. Elle poursuit : « Je reconnais que ça a été difficile pour moi ces derniers temps, il a perdu sa grand-mère avant les vacances d'été et j'avoue que je n'ai pas encore fait mon deuil. Il était très proche d'elle, elle s'occupait de lui. Ensuite, il se plaint parce que son frère lui manque, mais c'est la vie. Il vient de quitter la maison pour aller faire ses études dans le sud. C'est comme ça. » Je regarde Yliès et je vois son visage se décomposer. Je comprends alors qu'il est très seul. Son frère et sa grand-mère devaient être une présence réconfortante, peut-être la grand-mère était-elle avec eux à la maison le soir et il se retrouve maintenant seul avec sa petite sœur. Le beau-père est entraîneur de foot et il est fort probable qu'il soit rarement présent le soir. La mère d'Yliès poursuit d'un ton très dur : « Je fais tout ce que je peux pour lui, mais franchement je ne vois pas de quoi il se plaint. Tout va bien. » Je regarde à nouveau Yliès, son sourire de séducteur provocateur a totalement disparu. Il est dépité. Je vois dans ses yeux qu'il se dit que sa mère ne comprend vraiment rien. J'essaie de lui fixer quelques objectifs réalisables, car il est bientôt 14 heures, l'heure que j'aille en cours et lui aussi, j'essaie de souligner le positif : Yliès est intelligent et a les capacités pour réussir, il est à l'aise à l'oral (trop parfois !) il n'a pas de difficultés particulières, mais il ne fournit pas assez de travail et a accumulé des lacunes. Le beau-père intervient une fois pour dire qu'ils vont être vigilants, qu'Yliès a déjà été embêté et menacé par un élève de l'autre collège de la ville, mais qu'il a « réglé le problème. » Il y a une certaine violence contenue dans sa façon de parler. Je ne sais pas trop comment il a géré, mais je sais de par la principale qu'Yliès a lui-même intimidé un autre élève du collège et qu'elle a déjà dû le recevoir pour cette raison. L'entretien se termine cordialement, je serre la main de Mme E. et du beau-père et je les remercie beaucoup d'avoir été réactifs et de s'être tout de suite déplacés tous les deux suite à ma demande. La maman me dit de ne pas hésiter à l'appeler s'il y a quoi que ce soit. Pour moi l'objectif est en partie atteint : le dialogue est noué avec les parents d'Yliès, ils sont concernés et se déplacent rapidement, Yliès a bien transmis ma demande de rendez-vous. C'est déjà beaucoup, car certains parents ne répondent jamais à nos appels et demandes de rendez-vous. En revanche, c'est un échec, car la maman ne voit pas que son fils va mal, elle est dans le déni, car elle est elle-même en souffrance. Je sais que j'aurai de nouveau à la recevoir. Le problème est que je suis déjà très mal en point et que quelques jours après cet entretien le médecin me prescrira un arrêt de travail de cinq semaines juste avant les deux semaines de vacances et je ne pourrai pas assurer le suivi d'Yliès. Habituellement, après avoir reçu les parents d'un élève en rendez-vous, cela a un effet bénéfique, même temporaire. Ce ne sera pas le cas ce jour-là, Yliès aura été si peu été écouté et compris par sa maman qu'il va dégoupiller dès le premier cours de l'après-midi… le cours de français. Il va retourner la classe et fortement perturber le cours. Ma collègue sera obligée de l'exclure.

Vendredi 24 janvier 2020

Manifestation à Paris avec ma pancarte et interview pour la radio. J'éprouve une très grande fierté. Je me laisse porter et galvaniser par l'ambiance et la solidarité. Je me sens entourée dans le flot de la foule, tous unis pour la même cause. Je quitte les autres pour avancer plus rapidement et remonter en début de cortège et je termine seule place de la Concorde sous le soleil doux de l'hiver. Comme toujours, je préfère partir avant la fin, pour le cas où il y aurait des incidents. Une fois sur la place je prends mon temps, je grimpe sur l'un des murets en bordure des Tuileries pour m'y asseoir. Une horde de CRS se trouve là, les hommes sont alignés, casques refermés, boucliers déjà à la main, c'est assez impressionnant. Je leur tourne le dos pour faire face à l'Obélisque et aux Champs-Élysées que j'admire. Lorsque je quitte la place je découvre que beaucoup de rues sont bouclées et qu'il n'y a qu'une seule rue pour partir, cela me donne un petit aperçu de ce que cela doit faire d'être nassé, comme les manifestants qui ont été bloqués place d'Italie sans pouvoir partir il y a quelque temps.

Mercredi 29 janvier 2020

Je décide d'emmener les enfants avec moi pour ne pas manquer l'AG de ce matin. Je prévois de quoi les occuper en dessinant. Ils se tiennent relativement bien et sont très intéressés par les prises de paroles à chaque fois que quelqu'un se lève. Puis la tentation d'aller se balader dans les allées et de monter et descendre l'amphi devient trop grande alors je ne m'attarde pas avant qu'ils n'entament une véritable partie de cache-cache ! J'espère que j'ai éveillé leur conscience syndicale ce matin-là…

Jeudi 30 janvier 2020

Le midi j'apprends à la cantine que ma collègue de français qui a ma classe de 3e s'est reçue une équerre en plein dos alors qu'elle s'était retournée juste un instant pour écrire une note à son bureau. Après avoir recoupé les faits en entendant les uns et les autres par la suite, il s'avère que l'objet a été lancé avec force et l'a percutée avec la pointe. Était-ce un geste réfléchi et prémédité, nous ne le pensons pas, mais plutôt celui d'un(e) élève qui a impulsivement exprimé sa colère (haine ?) contre l'enseignant.

Ce geste est très choquant pour nous adultes, mais il l'a été aussi pour les autres élèves. Hier après-midi j'ai pris la classe entière sur l'heure d'accompagnement à l'orientation de 15 h à 16 h pour en faire une heure de vie de classe, car ceci n'est que l'aboutissement d'une multitude de problèmes qui se sont posés ces derniers temps. C'est habituel en fin de période et à l'approche des vacances et surtout en période de conseils de classe et de remise des bulletins, mais là de gros soucis se posent. Le bilan de fin de semestre que je dresse est que le potentiel de la classe est bon, il n'y a pas de grosses difficultés particulières, l'effectif est idéal, ils ne sont que 23 ! Les élèves sont sympathiques individuellement. Et pourtant la classe ne tourne pas, les cours sont pesants, car nous n'avons pas de dynamisme de la tête de classe, peu de motivation de la part de tous, de petits bavardages et surtout trois élèves qui exercent une influence très négative sur les autres et font peser comme une chape de plomb sur tous. Ces derniers temps le malaise était de plus en plus visible et peu propice au travail, des élèves ont exprimé par écrit le fait de ne pas se sentir bien dans la classe. Je n'ai aucun problème de discipline pour ma part, mais je ne réussis à mettre la classe en action que par les ateliers en petits groupes que j'expérimente. Et encore, cela a fonctionné, excepté Yliès et Awa qui ont perturbé le travail des autres groupes et ne sont pas restés dans leur groupe initial, etc. J'étais dépitée.

La semaine dernière Yliès et Awa ont aussi boycotté une évaluation de français en refusant de la faire ce que tout le reste de la classe a fait par imitation. Ceci le jour du SMS de ma collègue qui en a été très affectée. J'ai également eu un rapport de Nath notifiant qu'Yliès a perturbé l'épreuve commune de sciences et qu'elle a dû l'exclure. J'ai demandé une sanction disciplinaire au nom de l'équipe pédagogique pour chacun d'entre eux, mais rien. Après les punitions, heures de retenue, horaires bloqués, les sanctions disciplinaires relèvent des chefs d'établissements (principal ou adjoint). Cela peut aller d'une à huit journées d'exclusion (internes ou externes). Pour prononcer une exclusion de plus de huit jours, voire définitive, il faut réunir un conseil de discipline, entendre l'élève mis en cause et ses représentants légaux (voire un avocat si la famille le souhaite) donner la parole aux représentants des enseignants, aux parents d'élèves et aux élèves élus, puis il y a une délibération sans l'élève mis en cause et sa famille et il y a un vote.

Dimanche 2 février 2020

Après avoir eu mes collègues au téléphone et par messages pendant le week-end, je demande par écrit à madame la principale de nous recevoir en délégation dès le lendemain. Le mail est long, ce qui me dessert, et est trop péremptoire, mais mes collègues et moi sommes choqués et nous savons d'expérience qu'il faut faire pression pour être pris au sérieux et pour qu'elle agisse. Nathalie et moi discutons de ce que nous devrions faire, car c'est elle qui m'a remplacée en tant que professeur principal de la classe le temps de mon congé maladie. Elle suggère que j'envoie en message Pronote aux parents de la classe pour leur dire ce qui s'est passé, peut-être que la parole est bloquée au collège, mais qu'elle se libérera chez eux. Elle me dit de leur demander d'étiqueter le matériel au nom de leurs enfants. Elle me dit de faire court. Bien sûr je suis dans un tel état de stress dépassé que je suis incapable d'être concise. Les collègues, Nath et moi sommes unanimes, nous refusons d'accepter en classe comme si de rien n'était les trois élèves perturbateurs tant que nous ne savons pas qui a lancé l'équerre dans le dos de notre collègue.

Lundi 3 février 2020

Yliès est en exclusion interne juste devant la porte du bureau de la principale quand j'arrive à 8 h 30. Je lui dis bonjour très froidement. La principale me reçoit. Elle est très agacée, car elle travaille sur la DHG (dotation horaire globale) pour l'an prochain. C'est un travail qui nécessite beaucoup de concentration et qui est stressant. Je sais que cela fait des jours qu'elle est dessus et qu'elle doit la boucler et la faire remonter cette semaine. Elle est très contrariée, car elle vient juste de recevoir mon long message et n'a visiblement pas le temps de gérer ça. Elle dit qu'elle s'est retrouvée ce matin avec trois élèves sur les bras, que je demande trop : être reçue à 8 h 30 avec le professeur d'arts plastiques puis à 12 h 30 en délégation avec des professeurs de la classe, que nous refusons des élèves en classe ce que nous n'avons pas le droit de faire. Je lui dis que je viens à 8 h 30, car ma collègue d'arts plastiques ne sera pas disponible à midi et qu'elle est très remontée par rapport aux propos diffamatoires que tient à son encontre l'un des trois élèves qui posent problème et qu'il est important de l'écouter, que je me doute bien qu'elle ne peut pas tout résoudre là à 8 h 30 et que c'est pour ça que nous viendrons échanger avec elle à 12 h 30. Justement, la collègue m'envoie un message pour dire que son train est retardé et qu'elle ne pourra pas arriver à temps pour l'entrevue, mais qu'elle viendra sur la pause déjeuner avec les autres. La principale me dit que je n'aurais pas dû procéder ainsi, que j'aurais dû l'avertir avant, ce à quoi je réponds que l'heure de vie de classe qui a mal tourné remonte juste à vendredi après-midi. Je ne voulais pas rester tellement j'étais écœurée et c'est suite aux échanges avec mes collègues ce week-end qu'ils ont exprimé le refus d'accepter les trois élèves en classe. C'est ça justement le problème, les trois élèves à gérer dès la première heure, car visiblement la vie scolaire ne les a pas pris en charge. Elle m'a dit que je n'aurais pas dû être seule pour l'heure de vie de classe, je réponds que nous étions deux et même trois, car le CPE est venu faire une intervention ! Bref, ça ne passe pas, je suis en train de me faire remonter les bretelles pour toute l'équipe, trop facile. Je finis par lui répondre de manière assez insolente : « Écoutez, vous faites comme vous voulez, ce n'est pas moi la principale, mais je sais ce que je ferais si c'était moi ! » Je réalise tout de suite que je suis allée trop loin et je lui demande de m'excuser. Je dis que c'est exactement ce qu'il ne faut pas que nous fassions, nous diviser et nous rejeter la faute, sinon les élèves auront gagné. Je dis que je sais à quel point son travail est difficile, j'insiste en disant que les collègues ne réalisent pas toujours la pression, mais moi je sais pour avoir côtoyé l'ancienne adjointe de l'an dernier toute l'année dernière lors du projet innovant. Elle s'apaise un peu et son ton s'adoucit, en fait je me rends compte qu'elle est incapable de se fâcher véritablement avec moi, je décèle même un soupçon d'affection, le mot est peut-être trop fort, mais elle sait que je la soutiens depuis son arrivée. Nous avons eu un désaccord fort en début d'année dernière à son arrivée au collège, mais nous en avions reparlé après et je n'ai cessé ensuite de dialoguer avec elle et de l'encourager, d'arrondir les angles avec les autres collègues qui avaient du mal avec son côté cash et tranchant, parfois elle ne met pas les formes. Je découvrirai bien plus tard que ce qui a forgé une telle carapace, un côté parfois dur chez cette femme vient des épreuves que la vie lui a fait subir. Elle me sera par la suite d'un soutien indéfectible. Faire cours ce matin-là me sera terriblement difficile tant j'ai de choses dans la tête.

À 12 h 30, nous sommes reçus. Cette fois ma collègue de français, celles d'arts plastiques et d'espagnol sont avec moi. Comme toujours, la principale n'accède pas à toutes nos demandes de sanctions, elle ne nous entend pas totalement. C'est Awa qui a lancé l'équerre dans le dos de son professeur, nous l'apprenons dans la matinée et visiblement tout le collège est déjà au courant. Nous avons le témoignage écrit de plusieurs élèves : un conseil de discipline serait donc justifié, selon moi. Je sais parfaitement qu'il y a aussi assez de rapports dans le dossier du CPE et s'il n'y a pas de réactivité les élèves peuvent vite avoir un sentiment d'impunité. Quant à Yliès, lui, il arrive toujours à s'arrêter avant d'en arriver à des faits relevant de cette instance. Quand j'avais raconté mon entrevue avec sa maman à la principale et que je lui avais exprimé ma frustration de ne pas m'être fait entendre, elle m'avait dit : « Vous ne pouvez pas, vous n'êtes pas psychologue. La maman a besoin de se faire aider, mais elle ne l'accepte pas encore. » Elle fera elle-même aussi preuve de psychologie, trop même, avec Yliès. Elle le reçoit régulièrement en entretien et semble avoir lié un lien avec lui. Ex-prof d'EPS, elle me dit qu'Yliès a remarqué une affiche concernant le karaté dans son bureau, ce qui lui a plu, car il en fait à haut niveau. La principale, elle-même ancienne ceinture noire, se revoit à travers lui, je pense. Elle souhaite l'aider et c'est tout à son honneur, mais le problème est qu'Yliès en joue et profite de son absence de fermeté à son encontre. Awa, elle, bénéficie du même traitement qu'Yliès. Quand la vie scolaire est à bout et qu'elle est exclue trop souvent de cours, elle est reçue par la principale. Elle revient toute fière avec un billet de retard disant avec défi qu'elle était dans son bureau. Nous ne nous sentons pas soutenus par la principale. Nous obtenons quand même une commission éducative pour Yliès, mais elle ne pose pas de date et ne précise pas sur quelle sanction elle pourrait déboucher, mais elle nous redit qu'elle est contre les exclusions, préfère une exclusion interne. Oui, mais encore faut-il avoir les moyens d'encadrer les élèves.

Concernant Awa, elle a de gros problèmes personnels et il y a suspicion de maltraitance. Mes collègues s'en doutent depuis le jour où elle est arrivée avec un gros bleu sous l'œil, moi j'ai plus d'informations. La principale pense qu'un conseil de discipline ou une commission éducative ne fera qu'empirer les choses. Nous ne sommes pas d'accord, une commission ou un CD ne débouche pas toujours seulement sur une sanction. On punit, mais cela permet aussi de poser les choses et de déclencher des aides supplémentaires. Dans le cas d'Awa il est évident que les services sociaux doivent prendre le relais.

Le CPE frappe et passe sa tête par la porte et informe la principale que Mme E. la maman d'Yliès, demande à être reçue de toute urgence, qu'elle a déjà appelé une fois ce matin et exprimé une grande colère que son fils ait été placé en exclusion interne, car il revenait au collège ce matin « plein de bonne volonté ». Elle lui a dit de manière hostile qu'elle ne souhaitait pas le voir (le CPE), mais uniquement la principale. Celle-ci dit qu'elle la rappellera, mais entre-temps elle a des coordonnateurs de disciplines à recevoir au sujet de la DHG et n'aura pas le temps de le faire tant et si bien que la maman se déplacera directement au collège vers 15 h, très remontée. Je suis au secrétariat quand la secrétaire reçoit le coup de fil de la gardienne pour dire qu'elle demande à être reçue, qu'elle veut voir uniquement la principale et Mme Serier, qu'elle insiste beaucoup ! Je suis venue prendre ma pochette de bulletins, car je dois recevoir un peu plus tard un parent pour lui remettre le bulletin du premier semestre de son fils à l'avance, la réunion ayant lieu le lendemain soir et mon planning de rendez-vous étant plus que rempli, ça m'arrange. Les pochettes sont dans le bureau de la principale qui me dit d'entrer et de me servir. Je lui dis alors que je pense que ce n'est pas une bonne idée que je la reçoive. Comme mon collègue William avec qui je suis assez complice est là, je tente même un peu d'humour en disant : « Elle veut voir la cheffe, ça fait un peu appelez-moi le directeur dans la série Palace ou service après-vente là ! » La principale sourit, mais souhaite finir son entretien avec le collègue d'EPS et me dit : « Je termine et j'arrive. Restez zen Mme Serier. » Elle me montre alors un mini jardin antistress avec un petit râteau sur du sable posé sur un meuble près de la porte et dit : « Grattez le sable, tout va bien se passer. » Je trouve étrange qu'elle fasse de l'humour aussi, mais je suis soulagée qu'elle ne soit plus en colère. Bon, elle a dit qu'elle allait recevoir la maman, mais je peux peut-être aller l'accueillir le temps qu'elle finisse. Je m'avance devant le bureau de la secrétaire et marche vers le hall et je la vois et l'entends parler très fort. Je reviens sur mes pas prévenir l'adjointe qui travaille toujours porte ouverte que je m'apprête à recevoir un parent très en colère, que je souhaite juste la prévenir ! Je sais par expérience qu'il ne faut jamais recevoir seul un parent dans cet état. Quand je ressors du bureau de l'adjointe, je tombe face à face avec Mme E. qui me parle très fort et d'un ton très agressif :

— De quel droit vous vous permettez de dire que mon fils a des problèmes ?

— Bonjour madame.

— Vous envoyez un message à tous les parents pour dire que mon fils a des problèmes et que vous êtes sur des œufs.

— Bonjour madame.

Je lui tends la main et j'attends qu'elle accepte de la serrer, ce qu'elle fait, je pense qu'elle va se calmer avec ce geste, mais non, son ton monte. Elle m'aboie dessus :

— Mais vous vous prenez pour qui pour faire ça ?

— Je n'ai jamais cité le nom de votre enfant madame.

Mon ton monte aussi et l'adjointe et la secrétaire sortent de leurs bureaux pour me rejoindre. L'adjointe invite Mme E. à se calmer et à la suivre dans son bureau. Les deux élèves en exclusion interne devant les bureaux assistent à la scène. Yliès est, lui, dans la salle de conférence juste à côté, car toujours isolé de la classe, porte ouverte, et entend également l'altercation.

Dans le bureau de l'adjointe, je réponds calmement :

— Oui j'ai envoyé un message Pronote aux parents de la classe, mais je n'ai pas parlé de votre fils ! Je vois que vous vous sentez concernée !

— Mais vous êtes qui vous pour faire ça ?

— Je suis le professeur principal de la classe.

— Ah oui ! Eh bien, commencez déjà par être présente !

Tout son mépris des enseignants transpire. Je sais ce qu'elle pense de nous, car j'ai entendu les propos d'Yliès au sujet de la grève et je me doute qu'il doit les tenir d'elle. Je sens que je vais perdre mon calme et j'ai du mal à maîtriser ma colère. Elle a appuyé sur mon point sensible. Mon ton monte aussi :

— Pardon ? Vous me reprochez d'avoir manqué cinq semaines pour arrêt maladie ?

— Je ne vais pas en rester là.

— Mais pas de problème. Vous souhaitez qu'on se retrouve au commissariat ? Parce que votre fils tient des propos diffamatoires envers l'une de mes collègues.

— J'espère que vous avez les reins solides.

— Oui très solides. Je suis très solide, moi, madame, et on est tous très solides ici.

La principale arrive alors dans le bureau et lui demande de la suivre. Elle poursuivra la suite de l'entretien seule. Je m'apprête à partir, mais la secrétaire et l'adjointe me retiennent. L'adjointe me propose de m'asseoir et la secrétaire me demande si je veux une boisson. Je ne comprends pas pourquoi elles sont aux petits soins, l'altercation a dû être violente. Je m'assois, je suis comme assommée. Je réponds de manière automatique que je ne veux rien, merci. L'adjointe me dit : « Prenez un peu de temps, Mme Serier. » Elle voit que je passe en revue les bulletins dans la pochette à la recherche de celui que je dois remettre, mais je ne le trouve pas, je ne sais plus trop ce que je fais. Elle me dit : « Y a-t-il quelque chose que je peux faire pour vous aider ? » Je suis comme désorientée, les mots sortent très lentement : « Non, ça va aller merci. J'ai rendez-vous avec une autre maman de la classe pour remettre un bulletin, elle ne pourra pas se déplacer demain soir. Il faut juste que je le trouve. » L'adjointe ne me quitte pas des yeux et reste auprès de moi, j'arrive enfin à le trouver et elle me propose : « Est-ce que vous voulez que je reçoive cette maman à votre place et que je lui remette le bulletin ? » Je vois toute la bienveillance dans son regard. Dire qu'avant de la rencontrer je lui en voulais presque de prendre la place de l'ancienne adjointe : mon binôme du projet innovant, mon soutien précieux, mon amie maintenant. C'était vite passé dès que je m'étais présentée à elle la veille de la prérentrée. J'avais déjeuné avec elle au réfectoire le lendemain midi pour le repas commun et j'avais été agréablement surprise de la voir s'asseoir à une table avec les agents de service, mes copines antillaises que j'apprécie tant. J'avais discuté pour l'accueillir et apprendre à la connaître, je lui avais apporté un trombinoscope que j'avais fait à partir de la photo du personnel de l'an dernier pour l'aider à savoir qui était qui. Puis les jours suivants j'avais constaté : la modestie même, très à l'écoute, discrète, mais efficace. Très calme et posée. Dès mon arrêt maladie mi-septembre j'avais joué la carte de la transparence en lui communicant brièvement à l'écrit les raisons de mon absence ainsi qu'à la principale. Elles m'avaient toutes les deux répondu. Les mots qu'elles avaient choisis ne laissaient aucun doute sur le fait qu'elles, et l'une et l'autre avaient connu la dépression. Elles me souhaitaient de prendre soin de moi, de prendre tout le temps qu'il me faudrait pour me remettre, de ne pas m'inquiéter pour mes élèves. La nouvelle adjointe m'avait écrit : « Vous êtes une battante. » Je m'étais demandé comment après deux semaines seulement au collège elle pouvait dire ça. Peut-être le fait de toujours faire bonne figure alors que j'allais déjà très mal. Je suis très touchée par sa proposition que j'accepte. J'ai juste envie de rentrer chez moi, ce que je fais. Je suis vidée. Je ne comprends pas pourquoi je suis si affectée. Quelque part, je suis contente que l'altercation ait eu lieu devant témoins et de surcroît devant les bureaux de l'administration. Comme Mme E. sera présente à la réunion de remise des bulletins le lendemain soir, je retranscris donc par écrit son agression verbale pour le cas où j'aurais besoin de la transmettre à mon syndicat. Le lendemain matin, je suis toujours vidée, j'ai l'impression que je ne peux plus rien donner, il faut pourtant aller travailler et tenir jusqu'à la réunion de remise des bulletins le soir même.

Mardi 4 février 2020

Je repense à ce que j'ai écrit dimanche aux parents d'élèves sur Pronote. J'avais fait bien attention à ne citer aucun nom d'élèves :

[...] « Actuellement, le comportement de 3 élèves pose problème, leurs gesticulations (au mieux), leurs prises de paroles intempestives pour contester notre façon d'enseigner, contester une évaluation, nous demander de justifier pourquoi nous faisons ceci ou cela dès que nous leur imposons quoi que ce soit laisse le champ libre aux petits bavardages du reste de la classe, même de la part des élèves sérieux. Mardi j'ai recadré 2 des 3 élèves (pour lesquels j'ai reçu plusieurs rapports d'incidents) devant toute la classe pour leur indiquer que je ne les laisserai pas faire. J'ai pourtant été patiente et très à l'écoute de leurs problèmes, car ce sont des jeunes en souffrance (c'est cela qui est compliqué et nous sommes sur des œufs) ceci explique que vos enfants semblent les protéger ou en tous cas ne semblent pas capables de s'imposer face à eux, pensent les aider en les soutenant... Dès que j'ai exprimé ce constat devant toute la classe mardi, ces 2 élèves se sont insurgés contre moi et mes collègues. Ils ont déversé un flot de mépris et même porté des accusations graves contre leurs professeurs. Là pour le coup la violence n'était pas dans un geste comme celui de l'équerre, mais la violence et la défiance étaient verbales ».

Le fait d'écrire que des jeunes sont en souffrance et que nous sommes sur des œufs me cause des problèmes. J'ai croisé la principale en début d'après-midi qui m'a fait remarquer que c'était maladroit. Je me dirigeais vers le bureau de la vie scolaire pour leur demander s'ils pouvaient surveiller ma classe juste cinq minutes le temps que j'imprime un document quand je l'ai croisée. Je lui ai donc dit que je sollicitais les surveillants pour surveiller la classe innovante, car : « Je ne suis même pas fichue d'imprimer un document. Tout ce que j'ai à faire c'est de l'imprimer sur la photocopieuse depuis hier, mais je n'y arrive pas. Ce n'est pourtant pas compliqué, je me noie dans un verre d'eau. » Elle m'a alors suivie jusqu'à la salle innovante où nous avons discuté un peu : « Oui, ce n'est pas difficile quand on est dans son état habituel. Là ça fait un peu beaucoup. » Comme elle faisait allusion à la veille, je lui ai dit que j'avais en effet un peu de mal à encaisser les attaques de la mère d'Yliès. Elle m'a dit calmement que je n'aurais pas dû procéder ainsi, comme la veille au matin. Je n'aurais pas dû utiliser Pronote pour une telle communication aux parents. Seule elle pourrait éventuellement faire une communication de la sorte. Elle m'a dit que je n'aurais pas dû dans la fin de mon message divulguer que certains élèves passeraient en commission éducative, même sans donner leur nom, que ce n'est pas légal. Ah bon ? Nous le faisons tous verbalement quand nous parlons à nos classes pour bien communiquer sur le fait que des mesures sont prises et qu'il n'y a pas d'impunité, mais visiblement il ne faut pas l'écrire. #pasdevagues. J'ai mis les pieds dans le plat. Je lui fais directement le reproche : « Pourquoi vous ne me soutenez pas ? Je ne me sens pas soutenue par vous. » (J'ai eu des échos d'une collègue qu'elle a reçue après Mme E. et elle semblait aussi en colère contre elle que moi.) « Je vous soutiens, mais ça commence à être difficile de rattraper à chaque fois les choses derrière vous ! » Elle était assez détendue, plus du tout braquée. Je me suis détendue également et j'ai dit que j'étais désolée, que nous nous étions sentis, mes collègues et moi, tous touchés par l'agression de notre collègue et que j'avais voulu agir, que je n'ai fait qu'écrire ce que tout le monde pense. Puis j'ai dit que je devais y aller, mais je ne retrouvais plus ma clé USB avec le test à imprimer, que j'avais dû le laisser sur l'ordinateur. Elle a vu que je ne savais plus trop ce que je faisais et m'a dit : « Prenez tout votre temps avant de prendre vos élèves. » En me rendant à la salle des professeurs, j'ai vu que les surveillants avaient mis la classe en permanence, je ne suis pas allée les chercher, même après avoir imprimé le test.

Je suis solide, j'ai l'habitude que le professeur principal soit en première ligne, mais j'accuse quand même le coup. Je repense à l'heure de vie de classe catastrophique de vendredi. Ce qui est décevant aussi pour moi est que plusieurs élèves ont emboîté le pas des deux élèves les plus virulents et s'y sont mis en monopolisant la parole et en m'attaquant ainsi que « tous les profs » verbalement. J'ai difficilement réussi à avoir le dernier mot et j'ai fini par cesser de faire cours. La seconde heure de vie de classe d'hier était faite pour arranger les choses, nous étions deux adultes pour mener une discussion (Nath s'est jointe à moi ce qui était légitime, car elle m'avait remplacée et avait piloté le conseil de classe avec la principale.) Nous avons toutes les deux beaucoup d'expérience et pourtant nous nous sommes à nouveau retrouvées dans la même situation où deux élèves étaient très vindicatifs, nous ont défiées, ont eu des propos méprisants et même diffamatoires envers l'équipe enseignante. Ces deux élèves avaient pour public deux autres élèves totalement en admiration et les quatre se sont beaucoup amusés de la situation toute l'heure. Du coup la discussion n'a pas pu avoir lieu pour libérer la parole de tous. Le CPE, à qui j'avais demandé de venir, est aussi intervenu brièvement pour rappeler à la classe que leurs enseignants ne venaient pas au collège pour se recevoir des équerres dans le dos, que peut-être que ce professeur ne voudrait plus leur faire cours, que les professeurs viennent au collège pour dispenser un savoir, que nous ne pouvons pas faire le travail à leur place et justement là on ne peut pas travailler dans ces conditions. Ce qui me fait mal par rapport à la réaction de la mère d'Yliès c'est qu'elle n'a pas du tout compris que je voulais aider son fils depuis le départ. Et elle me fait passer pour une fainéante absentéiste qui fait mal son travail, quelqu'un qui fait du mal. C'est ça qui me blesse le plus.

Le soir lors des entrevues de remise des bulletins, je suis frappée du manque total de soutien des parents d'élèves de la classe. Aucun ne prendra des nouvelles du professeur de français, non, en revanche nous avons des reproches, car nous avons cessé de faire cours pendant deux jours, les élèves allaient prendre du retard. Je ronge mon frein et je tente d'expliquer que ce qui nous fait prendre du retard, et ce depuis le début de l'année, c'est le mauvais esprit qui règne dans la classe. La pression imposée par certains élèves odieux et les autres qui suivent. La pire est la maman déléguée représentante des autres parents ! Elle me fait ce même reproche puis me demande si les élèves passeront avec les professeurs de la classe pour l'oral du DNB en fin d'année. Je dis que peut-être, mais qu'en général il y a deux professeurs par jury et qu'ils sont répartis de manière aléatoire donc pas forcément de la classe. Elle me dit qu'elle demande parce que son fils aîné est tombé sur deux professeurs qu'il avait eus pendant l'année et « qui ne l'aimaient pas » donc il n'avait pas eu une bonne note. Je n'en reviens pas ! J'ai l'impression d'entendre une ado. Il commence à se faire tard, je suis très fatiguée et abattue, mais je ne me laisse pas faire. Je réponds que je suis très surprise et déçue de sa remarque qui sous-entend que nous notons les élèves en fonction des relations que nous entretenons avec eux. Si nous n'aimions pas les enfants, nous ne ferions pas ce métier. Et puis qu'est-ce que ça veut dire ne pas aimer un élève ? On peut ne pas aimer son comportement et avoir des difficultés avec lui en classe, mais en aucun cas on ne se base là-dessus dans notre façon de noter ! Au contraire, nous remarquons que pour les oraux souvent les élèves un peu remuants réussissent bien et nous sommes contents de pouvoir enfin les valoriser. Je dis aussi que nous avons des barèmes de notation précis, nous avons d'ailleurs retravaillé toute la grille de compétences lors de nos réunions de fin d'année pour qu'elle soit améliorée. Bref, je lui fais un mini exposé qui lui cloue le bec.

Je discute aussi longuement avec la mère d'Awa que j'avais placée en dernier pour avoir plus de temps. J'ai pris du retard et elle attend depuis un moment quand je la reçois. Je ne pose aucune question personnelle, mais elle me confie que sa fille a fugué le week-end précédent, que la maman d'une copine à elle l'a emmenée au commissariat, car elle raconte que sa mère la bat. Je suggère à la maman de contacter la maison de l'adolescent toute proche afin de trouver du soutien d'un psychologue, mais la mère refuse, car elle ne sait pas du tout ce que sa fille « serait capable d'aller raconter à nouveau. » Elle voit déjà l'assistante sociale du collège, l'infirmière à qui elle dit que tout va bien à chaque fois. Je me sens totalement démunie. Je ne suis que professeur, c'est trop là. J'essaie de prendre du recul et de rester sur le terrain pédagogique, je suis là pour rendre le bulletin et réaffirmer à la maman qu'Awa doit augmenter ses résultats pour obtenir l'orientation souhaitée en seconde générale à la fin de l'année. Le potentiel est là, mais elle ne travaille plus du tout.

À la fin de la réunion de remise des bulletins, je suis totalement vidée. Je laisse par écrit mes codes de session d'ordinateur et de Pronote comme je l'avais fait en début d'année, mon code de photocopieuse, je range mon bureau et je sais que je ne reprendrai pas.

Mercredi 5 février 2020

Pour la première fois, je contacte Mme Stein par SMS pour lui demander à tout hasard si elle peut me recevoir avant samedi, que ce n'est pas à la place de ce rendez-vous, mais pour avoir un entretien en plus. Je me sens vraiment très mal, je suis comme en détresse et pour la première fois de ma vie je reconnais que j'ai vraiment besoin d'aide. Puis, en attendant sa réponse, je prends rendez-vous pour le lendemain avec mon médecin généraliste. Mme Stein me téléphone et me laisse un message, je n'ai pas entendu sonner et je l'écoute un peu après. Elle parle en marchant, elle n'est visiblement pas encore arrivée au cabinet, mais me rappelle déjà ce que j'apprécie beaucoup. Elle me propose un rendez-vous, mais qui tombe justement presque au même horaire que celui du docteur le lendemain. Rien que le fait d'entendre sa voix m'apaise et je renvoie un message pour lui dire que ça va aller en fait, que je vais réussir à gérer jusqu'au samedi.

Jeudi 6 février 2020

Je croise très souvent deux des trois mamans dont les enfants sont proches de Jack et Anna, car les fratries des trois familles sont du même âge. Cela fait quatre ans que nous nous côtoyons pour déposer et chercher les enfants à l'école, échangeons quelques mots et plaisanteries, nos enfants s'invitent aux anniversaires les uns des autres, les parents sont déjà venus chez nous et vice-versa. De temps en temps, nous prenons un pot ou faisons une sortie au restaurant. Ce matin, je rattrape les deux mamans qui discutent en marchant jusqu'à l'arrêt de bus comme à leur habitude. Elles parlent un peu puis chacune part au travail de son côté. Elles me demandent comment ça va et au lieu de répondre bien comme d'habitude ça sort. Je dis que ça ne va pas trop, car je me suis fait agresser verbalement par une maman d'élève il y a deux jours et qu'avec la grève ça commence à faire beaucoup. Je dis que je vais voir mon médecin pour qu'elle constate que je ne suis pas en état de travailler. Une des deux mamans me dit que ce n'est pas facile d'obtenir un arrêt de travail pour une agression verbale, puis elles continuent à parler ensemble comme si je n'étais pas là. J'ai l'impression que depuis mes messages concernant la grève elles sont gênées avec moi. Elles m'ignorent et cette sensation de mise à l'écart me rappelle les situations que j'ai connues par le passé, durant ma scolarité quand je n'arrivais pas à intégrer un groupe. Les autres évoluaient là, comme ça, à côté de moi, mais j'étais incapable de m'intégrer. Lorsque je rentre chez moi, je croise ma voisine sur le parking, nous échangeons quelques mots. Elle voit que ça ne va pas trop et me propose de venir prendre un café chez elle. Nous nous sommes rapprochées ces derniers temps. Elle est également en arrêt de travail, ça me fait mal au cœur ses problèmes de santé parce qu'elle est plus jeune que moi. Elle a connu la dépression et je peux facilement discuter avec elle. Je resterai deux heures chez elle, sur ces deux heures je parlerai presque tout le temps ce qui n'est pas sans me rappeler la logorrhée verbale de ma mère cet été. Je lui raconte tout des derniers événements au collège, mais aussi des deux mamans que j'ai croisées juste avant. À chaque fois que je lui dis que je suis longue à raconter et que ça doit être ennuyeux, elle me dit que non. Elle comprend que mes idées et mes paroles soient confuses, car elle a déjà été dans cette situation-là. Elle me dit qu'elle a tout son temps et ajoute : « Tu sais, si tu as tant besoin de parler maintenant c'est que tu n'as pas été écoutée à un moment donné de ta vie. »

Je raconte au Dr Thomas les quatre conseils de discipline de janvier puis l'agression verbale de la mère d'Yliès qui a été très violente pour moi. Je dis que je ne sais plus du tout où j'en suis. Je suis écœurée, car je commençais à aller mieux et là je recule clairement dans ma dépression. Je dis que je ne me sens pas de remettre les pieds au collège demain et vendredi. Même s'il ne reste que ces deux jours avant les vacances c'est au-dessus de mes forces. Le docteur est très à l'écoute. Elle-même parent d'élève élue, elle siège au conseil de discipline du lycée de son fils et sait que c'est éprouvant. Elle me dit que je n'étais sûrement pas émotionnellement prête à gérer tous les événements de ces derniers temps et que je dois me protéger et prendre du repos. « Par contre vous dites à vos élèves que vous avez une grippe, sinon ils auront gagné. » Elle me prescrit un arrêt de travail jusqu'au 8 février, début des vacances.

Vendredi 7 février 2020

J'ai rendez-vous avec Kelly, mon ex, la première femme dont je suis tombée amoureuse il y a presque 11 ans en Écosse. Nous sommes toujours restées en lien même après de longues périodes sans nouvelles. Ce lien j'y tiens et je l'entretiens, car je suis et serai toujours encore très attachée à elle tant elle a marqué ma vie. Nous avons rendez-vous à la faculté de médecine de Paris où elle effectue un stage en partenariat avec d'autres pays européens. Intéressant, car son stage porte sur les nouveaux outils pédagogiques pour enseigner aux étudiants en médecine de l'université d'Édimbourg. Il y a donc un parallèle entre ce qu'elle fait, car elle est formatrice et ce que j'expérimente à mon niveau avec mes élèves. J'admire la façade du bâtiment et je suis fière d'elle en me souvenant du jour où elle m'avait dit qu'elle allait entreprendre son doctorat il y a des années et la voilà presque au bout. Avec elle rien n'était jamais impossible, elle m'a communiqué cette conviction que lorsque l'on veut quelque chose il faut se donner les moyens de l'avoir et on finit par l'obtenir à force de ténacité et de persévérance. Je suis en avance donc je patiente dans la rue qui n'est autre que la rue de l'École de Médecine. Je suis bien, toujours un peu sonnée et engourdie comme dans du coton, musique dans les oreilles, demain les vacances débutent. Je remarque par terre des inscriptions en lettres de couleur violette au sol. Je lis : la rue est à toutes ; ras le viol, un peu plus loin : pas une de plus ; SouvenonsNousdElles. Je trouve génial d'écrire des petits slogans au sol comme ça et je me dis que la jeunesse a de bonnes idées. Encore plus loin je vois une affiche du collectif féministe NousToutes pour la manifestation contre les violences sexistes et sexuelles du 24 novembre. C'est avec fierté que j'avais encouragé Nath à se rendre à la manifestation avec notre amie et collègue Barbara qui a mis des années à se séparer d'un conjoint violent, pervers narcissique. J'avais trop de fatigue pour y aller, mais Nath semblait hésiter et ne pas vouloir me laisser. Je lui ai dit que c'était son tour d'aller manifester ce qu'elle a fait en portant une touche de violet.

Je reviens un peu sur mes pas et je parcours la rue dans l'autre sens. Sur le mur du bâtiment en face de l'université, il y a un collage en grosses lettres. Je peux y lire : MATZNEFF PÉDOCRIMINEL et encore plus loin : VANESSA SPRINGORA ON TE CROIT.

On entend sans cesse le nom de Gabriel Matzneff dans l'actualité en ce moment, mais je me rends compte que je n'ai pas percuté. Comment se fait-il que je ne sache pas vraiment de quoi il s'agit ? Il est vrai que j'ai un peu coupé des informations depuis le début de ma dépression. Je tape vite fait le nom sur mon smartphone. Oui c'est bien ça : un auteur accusé de pédophilie. Les faits remontent aux années soixante. Les révélations viennent d'une femme : Vanessa Springora dans un livre paru cette année : *Le consentement.*[5]

---

[5] Vanessa Springora, *Le consentement*, Éditions Grasset 02/01/2020

Samedi 8 février 2020

J'assiste au concert d'Izia Higelin avec mon amie Valérie et son fils. C'est un bouleversement émotionnel, en positif cette fois. J'ai écouté son dernier album des centaines de fois, j'en connais toutes les paroles. Je ne connaissais que quelques titres d'elle au moment où mon amie a proposé de m'inviter au concert avec eux. J'étais tellement contente de partager un moment comme ça avec elle que j'ai acheté tous ses albums et j'adore ! Je trouve touchant qu'Izia ait réalisé cet album *Citadelle* la même année du décès de son père et de la naissance de son fils. Surtout, je suis époustouflée par sa prestation sur scène : quelle énergie ! Niveau cardio tout va bien pour elle !

Jeudi 13 – lundi 17 février 2020

Mes parents nous rendent visite. Je présente notre ami J. P. à mon père, il est très sportif et nous faisons une sortie en forêt : Jack, mon père et lui en VTT et moi en course à pied. Je n'ai pas beaucoup d'énergie, mais je me force et c'est très agréable.

Le jour de leur départ, nous descendons en train à Avignon chez la maman de Nath. Je participe brièvement au rassemblement prévu devant la gare, puis au début de la manifestation. Ça me donne un autre aperçu vu de province.

Jeudi 20 février 2020

Mon ami Roland me prévient du décès de sa maman Maria à la Réunion. Je suis très touchée, car c'était une personne protectrice de mon enfance. Je me souviens que je passais beaucoup de temps avec elle. Je pense que j'étais souvent dans ses pattes quand elle cuisinait pour nous. Je me revois faire des gâteaux au chocolat avec elle et la supplier de ne pas tout verser dans le moule pour que je puisse en avoir plus à lécher dans le bol. Ça la faisait rire. On rigolait bien ensemble ! Elle avait ce côté simple et espiègle qu'ont les enfants. J'étais à l'aise et en confiance avec elle. Une fois les premières larmes contenues, car je suis chez ma belle-mère et je ne veux rien laisser paraître, je réalise avec horreur que Maria m'a écrit une lettre, il y a quelque temps, que je n'ai toujours pas ouverte. Je me sentais trop mal. J'avais vu que l'écriture sur l'enveloppe n'était pas la sienne et je savais qu'elle faisait ça quand elle n'était pas assez bien pour écrire, elle demandait à l'un de ses enfants de le faire pour elle. Elle faisait écrire un de ses enfants pour elle. J'ai donc reculé l'ouverture de la lettre et maintenant ça me ronge et je vais devoir attendre jusqu'à demain que nous rentrions à Paris pour la lire.

Samedi 22 février 2020

Nous sommes tout juste de retour chez nous, je dis à Nath que je vais me faire une boisson chaude puis que je vais monter lire la lettre de Maria qui est sur ma table de nuit depuis des semaines et je lui demande si elle peut s'asseoir à côté de moi, car je sens que ça va être difficile. En effet, j'ai subi plusieurs chocs émotionnels ces derniers mois, mais celui-ci sera le plus terrible.

Saint-André, le 11 décembre 2019

Chère Marie,

Deux mots de mes nouvelles sa va pas très bien et j'espère que toi et ta petite famille se porte bien et les enfants grandisse. Il sont très beau et tes enfants et les enfants de édouard aussi très beau, et j'espère que tes gentils parent se porte bien, je l'envoie mon bonjour tous les deux. Moi depuis 2013 je suis malade j'ai amputé mon pied droit on a couper mes cinq doits. Ensuite je opéré encore une artère. Ensuite je fais l'AVC, tout cela j'étais toujours à hopital. maintenant depuis le mois de juin près de chez moi il y avait de travaux pour arranger le chemin malgré avec le chaussure je marche sur un petit caillou sa ma félé le talon et depuis je un plaie sous mon talon droit et sa ne guéri pas depuis le 6 novembre j'ai une infirmière qui vient fais mon pansement et sa est difficile a guerir parce que je diabetique. Voila travailler pendant toute ma jeunesse aujourd'hui j'ai toute maladie. Voila Marie donne mon bonjour à ta grande famille tes parents tes frères et belle sœur, ce la dernière lettre que je t'écris et embrasse tes beaux enfants.

Celle qui vous pense malgré le lointain et qui vous oublie pas. et je te dis que j'arrive plus à écrire.

Gros bisous,
Maria

Une lettre à la Maria, la graphie hésitante, peu de ponctuation, une orthographe approximative. Une lettre franche sans rien dissimuler et pleine d'affection. C'était elle ça. Courageuse, franche, honnête, généreuse et affectueuse. La lettre est dans le porte-documents sur mon bureau, bien en vue. Un rappel du lien très fort qui nous reliait et qui nous reliera toujours et surtout un rappel que le plus important dans la vie est d'entretenir ces liens si précieux et de profiter des personnes que l'on aime tant qu'on le peut.

Une photo accompagnait la lettre, elle est tombée sur mes genoux en premier alors que j'ouvrais l'enveloppe. Une photo d'elle plus jeune, prise à l'époque où elle travaillait chez nous, peut-être même avait-elle été prise par ma mère. Elle pose un sourire léger aux lèvres devant de splendides géraniums roses et rouges. Pas les petits géraniums que l'on trouve ici dans des pots ou qui ornent les balcons, non, d'énormes géraniums lierre grimpants qui forment un mur de couleurs derrière elle. Au dos de la photo, Maria y a inscrit : en souvenir de notre amitié. Cette photo est une première déflagration. Je suis prise de sanglots irrépressibles qui me secouent de tout mon corps, je réalise à quel point je l'aimais et à quel point j'étais attachée à elle. Ma peine est immense et me transperce le cœur. Ma chérie est assise à côté de moi en soutien et je commence à faire lecture de la lettre à voix haute dès que j'arrive à poser ma voix. J'y arrive à peine et le contenu de la lettre est une deuxième déflagration. Je suis comme assommée, Maria était très malade, elle savait que ce serait la dernière lettre qu'elle m'écrirait, elle l'a postée le 11 décembre, nous sommes le 22 février et je ne l'avais pas ouverte. J'aurais eu le temps de lui écrire, de lui répondre, de lui dire au revoir. Je suis anéantie. Le choc est immense, je pleure dans les bras de Nath puis je vais prendre une douche. Je ne veux pas que les enfants me voient dans cet état, l'eau coule à profusion et rince mes larmes un bon moment.

Curieusement, dès le lendemain, plus aucune émotion, plus aucune larme, une grosse carapace s'est déjà mise en place pour me blinder. J'ai de la peine, mais je suis engourdie et je ressens les choses de loin. Le dimanche se passe. Nous sommes censées reprendre le travail le lendemain, mais je suis atomisée. Entre les disputes de cet été avec Nath, la dépression, les crises de ma mère, la grève, les conseils de discipline de janvier et l'agression verbale de la mère d'Yliès il y a un peu plus de deux semaines je ne sais plus où j'en suis. La coupe est pleine, j'accuse le coup. Je ne me sens pas d'attaque pour quoi que ce soit et je souffre beaucoup.

Lundi 24 février 2020

Rendez-vous avec le Dr Legrand. Elle me prescrit un arrêt de travail de six semaines jusqu'aux vacances suivantes. Je souffle un peu, je n'aurai pas à remettre les pieds au collège de sitôt. Je suis toujours sous bonne dose d'antidépresseurs et d'anxiolytiques.

Mardi 25 février 2020

Nath assiste à la réunion d'orientation post 3e à ma place et me remplacera en tant que professeur principal.

Mercredi 26 février 2020

C'est le pot départ à la retraite de Catherine notre intendante. J'organise tout de chez moi en bonne présidente de l'amicale : collecte, échange de mails avec la cheffe et la gestionnaire, ça me change les idées. Nous y allons tous les quatre avec les enfants. Je suis surprise et très déstabilisée de voir que Catherine a demandé à ce que tout soit installé dans la petite salle où les professeurs déjeunent le midi au lieu du grand réfectoire. J'éprouve une très grande fatigue, tout le monde me trouve pâle, je suis comme en détresse, je ne veux voir personne, je ne veux pas qu'on me parle et j'ai du mal à supporter de me retrouver dans un si petit endroit avec autant de personnes qui parlent fort. Je reste avec les cheffes et les enfants. Valérie, que Catherine a invitée, nous rejoint. Elle et la principale sont unanimes, pas question que je fasse le stage établissement sur la pédagogie innovante auquel j'étais inscrite quelques jours plus tard. Elles sont deux à ne pas céder à mes protestations et à me faire entendre raison, je suis cernée.

Jeudi 27 février 2020

Je déjeune à Paris avec mon amie Annick qui est en visite pour quelques jours. Je lui raconte tout. Elle me parle du livre *La résilience* ainsi que d'une connaissance à elle qui suit une psychothérapie depuis un moment et a une histoire horrible : victime d'inceste, elle a fait une grosse dépression et maintenant elle va beaucoup mieux, mais alors nettement mieux. Elle et Yann ont vu une nette différence. Justement Yann, le mari d'Annick, est le seul des maris de mes copines avec lequel j'ai un lien et que je vois régulièrement. Je l'apprécie beaucoup. J'éprouve l'envie de lui envoyer un message pour lui dire à quel point le déjeuner avec Annick m'a fait plaisir. Je lui envoie les photos amusantes que nous avons prises avant de nous séparer devant le métro à Saint-Lazare. Il m'écrit un message plein d'affection et il me fait promettre de prendre soin de moi. Je me dis qu'il y a quand même des hommes sacrément bien sur cette terre.

Le soir même a lieu l'inauguration de notre classe flexible. Je suis toujours en arrêt maladie, mais la principale m'a autorisée à y assister, car cela se déroule après les horaires de travail. Le mobilier modulable et le matériel numérique dernier cri a été financé par le Conseil Départemental. Notre projet de classe flexible est arrivé 3e du département. C'est un grand moment d'émotion pour tous les membres de l'équipe pluridisciplinaire qui ont travaillé ensemble. Ce soir-là je suis fière de me tenir à côté de notre ancienne adjointe pour recevoir tant d'éloges pour notre projet. L'idée vient d'elle, mais nous l'avons piloté ensemble : depuis les objectifs et scénarios pédagogiques possibles dans la salle au mobilier et matériel dont nous avons fait la liste de commande ensemble… jusqu'au choix de la couleur des murs ! Ce soir-là, Mme la principale prend la parole en premier puis l'ancienne adjointe et une représentante du conseil départemental qui siège souvent au conseil d'administration lit un long discours plein d'éloges. Des représentants des fédérations de parents d'élèves sont là aussi, des professeurs bien sûr et je me réjouis de voir plusieurs agents de l'équipe d'entretien présents. Je leur ai parlé de mon projet, ils sont venus tester le matériel lors de la soirée porte ouverte et ils sont là. William, professeur d'EPS et professeur principal de la classe, prend la parole en premier et je suis contente de ne pas être en première ligne. Nous faisons un exposé oral d'une quinzaine de minutes pour présenter vidéos et photos à l'appui ce que nous expérimentons dans la salle. J'improvise même un petit speech pour expliquer davantage comment le numérique vient en plus-value, mais que nous sommes encore attachés à l'usage des livres papiers. Je ne sais même pas comment je fais pour tenir et articuler mes propos tellement je suis fatiguée et mon corps me fait mal, mais j'y arrive sans bug et de manière assez fluide. Une pluie d'applaudissements retentit à la fin. Un peu plus tard autour d'une collation préparée par le lycée hôtelier voisin, je m'adresse au responsable qui chapeaute tout l'appel à projets éducatifs innovants au conseil départemental. Il était présent lors de notre oral blanc et nous avait déjà bien félicités et très justement conseillés pour améliorer encore notre diaporama pour l'oral définitif. Je lui dis : « Vous voyez, nous avons mis en place exactement ce que nous avions prévu ! Merci de nous en avoir donné les moyens. » Il me répond qu'il est impressionné et cette phrase restera :

« Ça vaut une première place ce que vous avez fait. »

C'est un des moments de plus grande fierté de ma carrière : le représentant du conseil départemental et aussi la reconnaissance et les compliments des fédérations de parents d'élèves et de la direction du collège. Et bien sûr la fierté de mon amie Valérie.

Vendredi 28 février 2020

Adèle Haenel quitte la cérémonie des Césars suite au César que Roman Polanski se voit remettre.

Vendredi 6 – dimanche 8 mars 2020

Je pars en week-end à Bordeaux avec Anna. J'ai prévu d'emmener un enfant chacun leur tour chez mes parents. Edouard vient aussi pour passer du temps avec nous, mais il loge au foyer SNCF en ville où il a régulièrement une chambre. Je suis épuisée, j'ai peu d'énergie. Je trouve mon père inhabituellement abattu, il fait moins de choses avec Anna que d'habitude. Ma mère et lui n'arrêtent pas de s'envoyer des pics. Du coup, mon frère prend le relais et joue beaucoup plus avec Anna que d'habitude et je vois qu'il apprécie d'être avec elle. Je revois mon frère comme il était avec ma nièce toute petite des années auparavant. Anna est ravie et est scotchée à lui et une complicité forte s'installe entre eux, ce qui me réjouit et m'arrange, car je peux me reposer. Le deuxième et dernier soir, mon frère Chris vient aussi dîner avec nous. Ma mère est ravie, car elle a ses trois enfants réunis. La compagne de Chris ne se sentant pas bien, il vient seul donc nous sommes chacun sans conjoints. Le repas est joyeux et Anna est aux anges de voir ses deux oncles en plus de ses grands-parents. Comme pour Edouard elle est aussi en admiration devant Chris qui est drôle et l'amuse. Ma mère propose une partie de Trivial Pursuit comme dans le temps. Mon père accepte de jouer et la partie va dénouer toutes les tensions entre eux, ce qui me soulage. Je ne veux pas jouer et Chris non plus. Je dis qu'il est hors de question de me ridiculiser devant quelqu'un qui a gagné Questions pour un Champion ! (Edouard a participé à l'émission il y a quelques années et remporté une victoire !) En revanche, je dis que je suis contente de les voir jouer et Chris et moi restons avec eux et répondons quand même à certaines questions. Je suis vraiment très heureuse que la famille soit là, nous sommes tous les cinq réunis comme par le passé, ça n'est jamais arrivé depuis que nous avons quitté la maison. Ma mère est détendue et drôle. Anna nous laisse pour aller jouer par terre avec ses jouets puis dit qu'elle va se coucher, quelque chose de totalement inhabituel de sa part. Je monte avec elle et elle s'endort immédiatement, elle aussi est apaisée de voir tout le monde ensemble et heureux.

Samedi 7 mars 2020

« Je reste en bas, je suis avec mon frère et ma nièce. » La voix d'Herbert est posée et son ton est déterminé.

L'infirmière dit que le protocole en ce début d'épidémie de covid19 veut que les patients de la maison de convalescence ne reçoivent qu'un visiteur à la fois dans leur chambre. Le deuxième visiteur doit patienter à l'accueil. Je regarde mon père et lui murmure : « Ce n'est pas grave, on va suivre le protocole, l'infirmière ne fait que son travail. » Puis je lui dis : « Prenez votre temps, je vais attendre, on n'est pas pressés, je te verrai après Herbert. »

Il dit à l'infirmière : « Je reste en bas avec mon frère, je ne remonte pas dans ma chambre. »

Mon père et moi signons la feuille de présence et notons notre heure d'arrivée, l'infirmière prend notre température et nous nous désinfectons les mains avec le liquide fourni. Hans et Herbert vont s'asseoir dans la salle d'accueil pour parler. Je reste debout et j'entends vaguement les paroles rassurantes de mon père à son frère. Je vois qu'il lui tend le journal du jour qu'il lui a apporté et plus tard je saurai que son père lui a donné 10 € pour le coiffeur, qu'il lui a conseillé de demander au médecin de valider sa sortie, qu'il sera mieux chez lui qu'ici maintenant que son épaule va un peu mieux.

C'est bien la solitude et la détresse de mon oncle que je perçois lorsque je vais à mon tour m'entretenir avec lui dans la salle commune. Mon père me dit en sortant de prendre mon temps, qu'il va attendre dans la voiture. Il est ému, a les larmes aux yeux. J'aurais voulu embrasser mon oncle, ne serait-ce que lui mettre la main sur l'épaule, avoir un geste un peu affectueux, mais les consignes sur les gestes barrières sont déjà claires : il faut éviter tout contact physique avec d'autres personnes et en particulier les personnes vulnérables et privilégier la distanciation. À ce stade de l'épidémie, le grand public ne sait pas encore à quel point celle-ci est sérieuse ou non, si ce n'est qu'un virus saisonnier, mais je me souviens des paroles de Mme Stein lorsque j'ai quitté son cabinet mercredi : « C'est grave ce qui se passe. » Herbert tient des propos confus et j'ai du mal à suivre ce qu'il dit. Il parle de son dossier de surendettement qui doit être examiné bientôt. Mon père m'en a parlé et il est sûr que ses dettes seront enfin annulées. Mon oncle me dit que Hans et Hilda ne comprennent pas comment il a pu se mettre dans une telle situation financière. Moi oui et je pense : Tu as été trop généreux. Tu es tombé fou amoureux d'une femme divorcée avec deux enfants à charge. Tu as dépensé sans compter pour eux et votre petite dernière, d'où les dettes… Bref, Herbert parle du passé, mais aussi de son premier voisin de chambre qu'il soupçonne de lui avoir volé de l'argent dans sa table de nuit, mais aussi des antidouleurs. Tout à coup, sa voix se casse et il se met à pleurer doucement et à parler comme un petit garçon : « Hilda et Hans ne comprennent pas, même ta mamie ne comprenait pas. La fille qui habitait près de chez nous, Caroline, elle n'était pas gentille avec moi quand j'étais petit, tu sais. Un jour elle m'a forcé à me mettre à genoux sur des branches de bois. Il y avait des piquants dessus Marie, ça m'avait fait très mal, tu sais. » Je suis choquée. Je ne l'ai jamais entendu évoquer un tel souvenir, mais il change vite de sujet et se ressaisit. Je l'écoute encore. Je ne sais pas quoi dire alors je l'écoute et je lui dis que je comprends. Je lui dis qu'il doit tenir le coup encore quelque temps et qu'il va sûrement bientôt rentrer chez lui. Je lui dis qu'il faut voir le côté positif des choses : il a retrouvé sa taille de jeune homme, car il a perdu du poids. Il sourit. Je le laisse en l'encourageant une dernière fois et je vais retrouver mon père qui est encore lui-même très affecté dans la voiture. Il me dit qu'il apprécie beaucoup que je l'aie accompagné. Je dis que c'était prévu, que je voulais absolument voir Herbert ce week-end.

Dimanche 8 mars 2020

J'ai le cœur lourd de repartir. Pour faire de la place dans mon sac, j'ai déposé mon chéquier, mon portefeuille, la carte et les billets de train sur le meuble du salon où trône une magnifique tête en bois sculpté de femme polynésienne. J'ai dit à tout le monde qu'il ne faut pas que j'oublie mes affaires en partant. Bien sûr le matin du départ je suis intérieurement très agitée et je les oublie. En déposant mon sac dans le coffre de la voiture, Edouard voit que ça ne va pas trop. « Tes billets de train et tes documents, tu les as pris ? » Je ressens une affection immense pour lui, je revois mon grand frère, lorsque nous étions petits, qui avait toujours l'œil protecteur sur nous. Je retourne à l'intérieur chercher ce que j'ai oublié.

Edouard repart aussi en train, mais le sien est trente minutes après le nôtre. Je dis à mon père de juste nous déposer, que je ne veux pas qu'il s'attarde, ce qu'il fait, très ému. Edouard nous accompagne jusqu'au quai, mais n'a pas le droit d'y monter donc nous nous embrassons et il dit qu'il va se mettre sur le quai suivant pour nous faire coucou ce qui amuse beaucoup Anna. Edouard attend que nous soyons montées et assises dans le wagon, il nous envoie des bises puis mime qu'il va aller boire un café et nous quitte. Je sors des crayons et du papier pour qu'Anna dessine. Ce week-end en famille m'a beaucoup remuée et je me dis que je suis encore bien vulnérable, mais je me suis sentie entourée et réconfortée. Mon père m'inquiète, je l'ai trouvé triste. Heureusement qu'il y a eu le jeu de société pour ne pas rester là-dessus. Je me dis que dans quelques années il ne sera plus là, car il avance en âge. Puis je repense à Edouard et cela me soulage de me dire que quand mon père ne sera plus là Edouard prendra le relais comme repère masculin pour les enfants. Je suis perdue dans mes pensées et Anna a déjà fait plusieurs dessins de créatures imaginaires quand je suis totalement prise par surprise. À tel point que je sursaute. J'avais les yeux sur le dessin d'Alice puis j'ai relevé la tête pour regarder par la fenêtre et j'ai vu Edouard, sur l'autre quai, celui à notre droite cette fois, du bon côté du wagon où nous étions placées. Il sourit tendrement. Depuis combien de temps est-il là à nous observer ? Anna rigole et lui montre ses dessins en les collant à la vitre, puis lui envoie à nouveau plein de bisous. Il restera encore quelques minutes jusqu'à ce que le train démarre. Il nous aura accompagnés jusqu'au bout et ça me touche.

Nous nous sommes arrangées avec Nath pour qu'elle nous récupère à la gare de Bécon-les-Bruyères tout près de l'endroit où nous vivions avant d'avoir les enfants. Cela permet à Nath d'emmener Jack au parc qu'il aime tant et de nous éviter le trajet en train jusque chez nous. Le problème est que je suis totalement désorientée dans l'espace. Ma tête est tellement encombrée que je vais me tromper de sortie à Bécon. J'ai pourtant emprunté des centaines de fois cette sortie pendant les dix années où nous résidions là, mais là je sors du côté Asnières au lieu de Courbevoie, à droite et non à gauche. Comme nous sommes en avance, nous allons prendre une boisson dans le café en face de la gare. Je me dis bien que le quartier a changé, mais je pense que c'est en raison des travaux. Nath finit par m'appeler pour me prévenir qu'elle est là, nous sortons l'attendre et je me dis qu'elle met beaucoup de temps alors qu'elle m'a dit qu'elle était arrivée. Ce n'est qu'un bon moment plus tard qu'elle me rappelle pour me demander où nous sommes, je m'impatiente avec elle avant de réaliser que je ne suis pas du bon côté de la gare. Cela me semble évident maintenant, la rue commerçante n'est pas la même, le café non plus. Je suis catastrophée d'avoir pu me tromper et ça inquiète aussi Nath de voir l'état de confusion dans lequel je suis.

11 mars 2020

Un article du parisien attire mon attention. Le gros titre : Faute d'argent, dans ce collège « même le papier toilette et le savon, on n'en a plus » et le premier paragraphe : Le collège subit encore les conséquences de la mauvaise gestion de son ex-comptable, condamné pour abus de confiance en 2019. Un déficit de 173 000 euros avait été relevé en 2016.

Le processus se poursuit.

14 mars 2020

Nath assiste à la réunion plénière Covid au collège. Je suis encore en arrêt de travail.

Lundi 16 mars 2020

Le président de la République annonce le début du confinement dès le lendemain. Comme mon père a eu raison de demander à Herbert d'insister pour sortir de la maison de convalescence. En raison de la flambée de contaminations et les décès, le protocole dans les EPHAD et tous les établissements médicosociaux s'est durci jusqu'à ne plus autoriser aucune visite aux résidents. Herbert aurait été seul.

Mardi 17 mars 2020

C'est une journée noire. Je reste seule avec les enfants une bonne demi-heure le temps que Nath fasse la queue pour avoir du pain à la boulangerie. Les gens semblent avoir peur de manquer depuis l'annonce du confinement, alors les files s'allongent. Je dois tenir tête à Jack qui est très désagréable et qui refuse de se mettre au travail pour l'école à la maison. Il avait pourtant bien commencé en faisant son quart d'heure de lecture à côté de moi sur notre lit. J'essaie d'imprimer les devoirs qu'a envoyés sa maîtresse, mais je mets du temps. Il réclame la tablette pour jouer, de manière insistante et harcelante comme il sait le faire, mais je ne cède pas et ça m'épuise. Le temps que l'imprimante soit opérationnelle et que je mette en ordre les nombreux documents envoyés plus les consignes, je lui donne une feuille pour rédiger ce que l'enseignante appelle le « jogging d'écriture » dont le thème varie chaque jour. Je l'installe à son bureau et il obtempère, mais il veut que je reste à côté de lui ce qui est tout de suite un poids pour moi, car la chambre des enfants est petite et quand je suis stressée elle m'oppresse. Il y a aussi le fait que plus on a besoin de moi en ce moment plus je panique et plus je deviens désagréable tellement je me sens mal. Nath aussi est stressée en ce moment. Depuis l'annonce du président, nous sommes tendues et les enfants doivent le sentir. Dès qu'elle rentre, je lui demande d'emmener les enfants dehors pour une « récréation » ce qu'elle fait gentiment. J'appelle mes parents et je parle à ma mère, car mon père est au magasin de Chris pour lui faire passer des choses ainsi qu'à Edouard. Ma mère me dit qu'il a prévu de rentrer en début d'après-midi alors que le confinement débute à 12 h. Il va encore être en contact avec d'autres personnes, rapporter la sacoche qu'ils se passent contenant les documents de comptabilité, je ne peux pas m'empêcher de penser au virus. Ma mère me dit qu'il est allé chercher Herbert pour le ramener chez lui depuis la maison de convalescence, je suis contente qu'il soit sorti de là. Avant cela, il est allé au petit marchand de légumes et lui a fait passer quelques boîtes de conserve. Ma tante Hilda, elle, a fait son linge. Je dis à ma mère que ce n'est pas facile pour nous de trouver un mode de fonctionnement tous les quatre. Je lui dis que ma psy m'a appelée pour que notre rendez-vous de vendredi soit maintenu, mais qu'elle portera un masque ou une visière ou alors nous programmerons un appel vidéo via WhatsApp. Ma mère me dit que l'appel vidéo ne serait pas idéal si les enfants sont à côté puis elle change vite de sujet comme à chaque fois que j'évoque ma thérapie. Plus tôt j'ai parlé à Edouard au téléphone, on a parlé comme jamais. J'ai évoqué le long mail que je leur avais écrit à Chris et lui vers la Toussaint pour leur parler de ma dépression. Il m'a dit qu'il n'avait jamais entendu parler de la bipolarité de maman avant mon message : incroyable ! Il me confirme qu'elle a manqué le travail lorsque nous étions à l'île de la Réunion, était-ce des semaines ou des mois, il ne peut pas le dire avec certitude. Il me dit qu'il a toujours eu la pudeur de ne pas poser de questions, mais que c'était en lien avec le travail.

Vendredi 20 mars 2020

Première séance depuis le confinement. Mme Stein me reçoit au cabinet, fenêtre ouverte, sa chaise plus loin que d'habitude, nous sommes face à face. Le velux au-dessus de moi est également ouvert. Nous ne nous serrons plus la main à l'entrée et à la sortie.

— J'ai pu vous recevoir au cabinet parce qu'il y a de bonnes conditions, mais je vais être amenée à me déplacer dans les jours qui viennent à cause des événements.

— Oui j'ai entendu que les psychologues sont sollicités pour accompagner les médecins et infirmières dans les hôpitaux, c'est dire la situation.

— Oui. Je vais mettre en place des consultations par WhatsApp sur un autre numéro sécurisé que je vous communiquerai, je ne pourrai plus vous recevoir au cabinet, car je peux devenir à risque.

Je dis que je comprends tout à fait. Elle me parle d'un livre écrit par André de Mijola, *Les Visiteurs du Moi*[6] car nous avions évoqué la psychogénéalogie la fois précédente. Je lui dis en plaisantant que ce n'est pas « gentil » de me donner envie de le lire, car les bibliothèques et librairies étant fermées pour le moment, il n'est pas du tout facile de se procurer des livres. Elle réfléchit un instant puis se dirige vers son meuble bibliothèque pour prendre le livre en question, le nettoie et me dit de surtout bien le lui rapporter. Je suis très touchée et très fière d'emporter chez moi un livre lui appartenant.

---

[6] André de Mijola, *Les Visiteurs du Moi,* Éditions Les Belles Lettres, Paris 1986

Partie V
Souvenir

Samedi 21 mars 2020 matin

Je découvre sur France Culture une série documentaire en plusieurs épisodes sur la vie de Sigmund Freud. J'écoute *L'ombilic des rêves*[7] et je comprends que je n'interprète pas bien mes rêves. Ce n'est pas tant le contenu manifeste du rêve qui compte, mais plutôt ce qui est mis en œuvre par la personne qui rêve. Cela va être déterminant pour moi d'en prendre conscience, c'est le cas de le dire.

Je téléphone à Aline, ma cousine qui est psychiatre. Je n'évoque pas mon cas personnel même si elle sait que je rencontre des difficultés et que je lui ai fait part de mon diagnostic de dépression en septembre. Nous blaguons sur le Covid 19 et la pénurie de papier toilette. J'en profite pour lui poser de nombreuses questions sur le processus de psychanalyse, la différence avec la psychothérapie…

***

Pendant l'heure du temps calme après le déjeuner, j'écoute un épisode de la série documentaire LSD sur France culture retraçant la vie de Sigmund Freud et je trouve cela passionnant. Anna regarde un dessin animé assise à côté de moi sur le lit, puis va s'endormir paisiblement. En ce moment, elle vient faire la sieste à côté de moi sur le lit et me dit : « On se tient la main et on est fières ! » Ma petite Anna, ma petite puce, c'est elle qui va m'aider à trouver la solution à l'énigme. J'écoute la fin de « L'ombilic des rêves » et l'évocation du ça, du moi et du surmoi me fait revoir des notions vues en cours de philo il y a plus de trente ans et auxquelles je n'avais pas du tout été

[7] Podcast France Culture : La grande traversée, Moi Sigmund Freud, *L'ombilic des rêves,* émission du 01/08/2018

perméable. Je me demande même ce que j'ai bien pu faire pendant mes 4 heures de philo hebdomadaires de terminale ! Eh bien c'est simple : j'étais sans cesse retournée vers mes copines de la table derrière moi et on se faisait passer des petits mots. Je trouvais le professeur laid, il avait l'air malade dans son costume gris foncé, toujours le même, car il était tout pâle, mais avait les cheveux très noirs, un petit visage et une petite tête, les épaules tombantes. Il faisait négligé. Je le trouvais un peu trop arrogant, il m'agaçait à jouer avec la poubelle de son pied droit pendant qu'il nous parlait. Et surtout je ne comprenais pas ce dont il était question, ou plutôt je ne voulais pas comprendre ce que l'inconscient pouvait recéler de plus sombre, la notion de bien ou de mal, les pulsions sexuelles, la censure… « too close to home » comme on dirait en anglais, je pense que cela faisait trop écho. J'enchaîne en écoutant des tutos de philosophie sur la conscience pour me remettre à niveau du coup !

Anna se réveille de sa sieste et descend l'escalier en culotte. Je suis assise à la table du salon et je travaille à l'ordinateur. Je me dis qu'Anna a dû enlever son pantalon pour se glisser sous les draps comme elle le fait parfois. Je sais que je devrais lui dire de le remettre, mais je suis très absorbée par ce que je fais et je la laisse prendre place sur le canapé à côté de Jack. Comme souvent quand ils sont côte à côte, les enfants commencent à rigoler et à chahuter, je les ignore, car je veux terminer ce que j'ai commencé à faire. Comme ils s'excitent de plus en plus je finis par me lever et constate qu'ils sont tous les deux sous la couverture polaire rouge qui se trouve sur le canapé et dont ils se drapent parfois. Jack a sa tête de « on a fait une bêtise » et ricane. Je leur demande ce qu'ils font sous la couverture et là le sourire de Jack le trahit :

« Anna a baissé sa culotte ! » me dit-il en riant.

Cette phrase retentit en moi comme une bombe atomique. J'ai un flash-back d'un instant où je revois ma culotte blanche de petite fille enroulée par terre autour de mes chevilles dans une pièce un peu obscurcie.

Je réagis tout de suite cette fois en enlevant la couverture d'un coup sec et en disant à Anna de remonter se rhabiller. Je la gronde en lui disant qu'elle sait très bien qu'on ne montre pas ses « parties intimes » (comme son frère et elle les appellent) puis je réprimande Jack en lui disant qu'il n'aurait pas dû laisser sa sœur faire et qu'il aurait dû m'avertir. Bref, je sépare les deux enfants et je retourne à mon travail. Nath rentre d'une course qu'elle était allée faire et je ne pense même pas à lui rapporter ce qui s'est passé (ça devait déjà me mettre mal à l'aise) et je me contente de lui dire que j'ai dû séparer les enfants parce qu'ils chahutaient. Je cesse vite de travailler, comme souvent quand le temps calme se termine, afin d'être disponible pour les enfants, mais je suis très préoccupée. Je suis intérieurement très agitée. Je ne cesse de penser à l'interprétation des rêves. J'ai compris cette nuit grâce à l'émission écoutée que ce n'est pas tant le contenu manifeste du rêve qui est important, mais le travail qui est à l'œuvre pour faire arriver à la conscience de manière déguisée et condensée certaines choses très profondément enfouies. Je cherchais jusqu'à lors, du côté de ma mère principalement, les causes de mes troubles actuels : sa maladie autrefois appelée trouble maniaco dépressif et désormais appelé trouble bipolaire. Je pensais avoir absorbé son mal-être et sa mélancolie durant ses phases dépressives depuis ma petite enfance et avoir développé une hypervigilance pour ne pas la perturber. Je pensais qu'elle et mon père me cachaient quelque chose de grave qui se serait produit durant notre enfance à mes frères et moi comme une tentative de suicide de sa part par exemple, mais non, le rêve m'indique que je dois aller chercher plus loin du côté des hommes, du côté de mon frère. Je le comprendrai plus tard.

Pendant la nuit du samedi à dimanche, je fais un rêve qui sera décisif. En fait, ce rêve deviendra déterminant parce qu'il succédera à l'incident entre Anna et son frère. Ce sont ces deux faits : l'incident puis le rêve qui feront remonter à la surface mon souvenir. C'est parce que ces deux événements surviennent pendant le confinement que la mémoire me revient, car je me retrouve dans notre petit cocon familial protecteur. Je me rappelle une alerte cyclonique à l'île de la Réunion où nous avions également dû rester confinés en écoutant la radio autour de la période où remontent les faits. Il y a aussi eu d'autres déclencheurs avant qui ont poussé dans ce sens : le décès de Maria à la Réunion, le week-end à Bordeaux, le souvenir d'enfance d'Herbert, le choc de voir Edouard sur le quai de gare par exemple.

Dimanche 22 mars 2020

Je sais. Aujourd'hui, je me suis souvenue. Je crois que je me suis mise dans un état d'hypnose cette nuit. Je me suis endormie, écouteurs aux oreilles, en écoutant *L'ombilic des rêves*, ça a continué à tourner et j'ai dû écouter inconsciemment les autres épisodes qui suivaient. Je me réveille et je me souviens de mon rêve et c'est ce rêve qui me fera trouver la clé du problème dans la matinée. Je sais que la clé est là. *Le rêve de l'agent comptable* : *Je suis au collège, dans un bureau avec notre gestionnaire actuelle et notre ancienne qui a muté il y a plusieurs années déjà, notre intendante ainsi que Nath. Nous avons une réunion pour faire les comptes de l'amicale. Nous nous asseyons dans un bureau autour d'une table ronde. Nath est la seule à se tenir debout un peu à l'écart. Elle ne semble pas vouloir se joindre à nous. Je ne comprends pas pourquoi les deux gestionnaires et l'intendante sont là, car ce n'est pas l'administration du collège qui gère l'amicale. Dominique, notre ancienne gestionnaire fait les comptes à la main en écrivant au crayon sur une feuille blanche. Je regarde Nath et je lui demande si elle était au courant et elle me dit que non, mais que ça ne la surprend pas. Je dis que ce n'est pas notre façon de procéder habituelle, mais Dominique poursuit ses notes. Je dis : « Les comptes ne sont pas bons. Quelque chose ne va pas. Ce n'est pas comme ça qu'on fait les comptes d'habitude, on ne les fait pas à la main. » Je n'ai pas confiance en Dominique, j'ai la suspicion qu'elle est complice de l'agent comptable et essaie de détourner les fonds de l'amicale. Bref, Dominique se déplace pour aller à un autre bureau pour téléphoner. Elle a quelqu'un en ligne puis raccroche et me dit que c'est le nouvel agent comptable qui a les bons comptes, mais il travaille dans un autre collège où il est actuellement aussi CPE. Je dis que je vais l'appeler si elle me donne le numéro, mais elle me dit qu'il vaut mieux aller sur place et qu'il m'attend. Je pense qu'elle l'a prévenu et que c'est un moyen de gagner du temps. Elle dit que je dois prendre l'autoroute A6 pour y aller, ce n'est pas très loin, à 20 minutes environ. Je décide d'y aller. En partant, je passe par un long couloir qui ressemble à un couloir de lycée et je m'arrête devant la salle d'un collègue homme, puis un autre nous rejoint. Je leur dis où je dois aller et leur demande s'ils peuvent venir avec moi, ils sont désolés, mais ils ont encore cours et ne peuvent pas partir, mais l'un d'entre eux me dit que si je l'attends il viendra avec moi. Je les laisse et décide de partir seule sans attendre.*

Je raconte mon rêve à Nath et elle me dit qu'elle pense que Dominique c'est mon père, car il faut être très rigoureux et organisé pour tenir des comptes.

Tout au long de la journée, je suis de plus en plus agitée. Je ne tiens pas en place. Je dis à Nath que je suis sûrement nerveuse à l'idée de voir la psychiatre le lendemain, mais je ne cesse de penser à Anna qui a baissé sa culotte, aux conseils de discipline de janvier pour jeu à caractère sexuel et attouchements, à l'agression de la mère d'Yliès. Je ne sais plus où j'en suis. Je suis très instable, je repense à mon flash de la veille et soudain l'événement me revient l'esprit, un événement auquel je n'avais pas pensé depuis des années et des années et que je gardais bien profondément en moi. Je réalise qu'il s'est passé quelque chose quand j'étais petite dont je n'ai parlé à personne : ni à mes frères, ni à mes parents, ni à mes amis, ni à Kelly, ni même à ma propre femme. Pourquoi donc ? Pourquoi m'est-il impossible de lui en parler même là maintenant alors qu'il me vient en tête ? Pourquoi ce sentiment de honte ? Je fais une recherche sur mon téléphone du genre « oublier un souvenir d'enfance ». Je veux savoir s'il est possible de se souvenir de quelque chose des années et des années plus tard. Après avoir cliqué sur quelques liens, je lis un témoignage sur un blog (*Oublier l'inoubliable*) qui renvoie à un lien vers un autre témoignage, celui de la journaliste Flavie Flament qui s'est souvenue après des années d'amnésie traumatique avoir été violée par le photographe célèbre David Hamilton à l'âge de 15 ans : elle déclare :

« Je me suis déconnectée de mes émotions et j'ai oublié… j'ai oublié ce que j'ai vécu puisque mon corps l'avait subi, mais mon esprit était déjà ailleurs », dit-elle.

Je ne peux pas garder ça pour moi. Je décide de me confier en premier à mon médecin psychiatre le lendemain puis j'en parlerai à Nath.

Lundi 23 mars 2020

Rendez-vous chez le docteur Legrand.

— Peut-on inventer un souvenir ?

— Non, on ne peut pas totalement inventer un souvenir. Il peut se déformer avec le temps, mais ce qui est sûr c'est que le ressenti, les sensations liées à ce souvenir ne peuvent pas être inventés.

Je raconte tout au médecin. Pour la première fois de ma vie, je raconte ce dont je n'ai jamais parlé à personne auparavant :

Alors que nous venions de nous installer à l'île de la Réunion, un voisin adolescent m'avait demandé de baisser ma culotte. Nous nous trouvions dans le local à outil de mon père et avions échappé ma copine et moi à la vigilance de nos parents. Le calcul est vite fait, nous sommes arrivés en 1980, je suis née en 1975 j'avais donc 5 ans. Je me revois dans un endroit sombre, au coin d'une pièce, il est en face, ma copine Andréa est à ma droite, je n'ai pas de notion de temps, il me semble que ça a été bref, il n'y a pas eu de violence ni contrainte, mais surprise très certainement. Je ne vois pas le visage du garçon, mais ses jambes à la peau métisse et son short vert uniquement. Puis je vois le soleil au-dehors qui filtre à travers une très faible ouverture d'une porte marron qui n'est pas totalement close. Enfin je revois un établi en bois et un panneau en contreplaqué où des outils étaient accrochés de manière ordonnée, je sais que mon père en avait un. Surtout, je me remémore deux phrases que le garçon m'a dites, je ne pense pas me les êtres remémorées auparavant. Je sais qu'il avait demandé à Andréa et moi-même de baisser nos shorts et nos culottes et qu'il en avait fait de même parce qu'il disait vouloir essayer quelque chose avec nous. Ses phrases qui me reviennent en plus des flashs visuels sont : « Ça ne rentre pas, tu es trop petite. Il faudrait que j'essaie avec une fille plus grande, comme Annie par exemple. » Du coup, je ne pense pas qu'il avait touché Andréa qui était plus petite et plus menue que moi. Je me souviens ne pas avoir compris ce qui se passait. Pour moi un sexe de garçon servait à faire pipi, j'ai surtout retenu que j'étais trop petite et que je ne convenais pas, redoutable pour l'estime de soi de ne pas se sentir à la hauteur. J'ai basculé dans un autre monde que je ne comprenais pas, trop tôt, trop petite en effet pour vivre ma première rencontre avec la sexualité.

Le médecin m'écoute. Tout ce que je lui dis par la suite pour corroborer ces souvenirs ne la surprend pas. Je me souviens avoir fait pipi au lit pendant des nuits et des nuits à cette période-là. Mon père avait dit à ma mère, démuni à faire cesser les énurésies, qu'ils allaient me remettre les couches de mon petit frère, il ne voyait pas quoi faire d'autre. C'est ce qu'ils ont fait. Je me souviens d'une période de peur : une autre fois, mon père m'avait laissée juste quelques minutes seule à la maison pour aller chercher mon frère quelque part. Je me souviens avoir eu très peur de me retrouver seule, à tel point que je m'étais assise par terre adossée à la porte d'entrée pour la bloquer ce qui avait surpris mon père à son retour en sentant une résistance en l'ouvrant. En son absence, j'avais repensé à une histoire que des filles plus grandes que moi m'avaient racontée quelque temps auparavant au club de tennis où je jouais. Elles racontaient qu'une camionnette blanche rôdait en ville pour enlever des enfants et les tuer. Il y avait deux grosses croix peintes dessus : une rouge et une noire. « Le rouge pour le sang, le noir pour la mort. » Je me souviendrai toujours de cette phrase que j'avais crue. Il est à noter aussi qu'à cette période-là ma mère était partie deux semaines avec Chris tout petit chez ses parents en Angleterre. Je me sentais donc très seule et un peu perdue sans elle, je pense.

Lorsque j'ai terminé, le médecin me dit : « Tout ce que vous me dites est très fréquent dans les cas d'abus sexuels. »

Le choc. C'est donc ça. Elle ne met pas en doute ma parole et mes souvenirs. Ça me semble difficile à intégrer, mais tout s'expliquerait en effet. J'ai du mal à y croire, j'ai l'impression qu'on ne parle pas de moi…

De retour du rendez-vous je retrouve Nath et les enfants sur le parking de la résidence, les enfants font du skateboard et du vélo. Je raconte pour la première fois de ma vie à ma femme ce qui m'est arrivé quand j'avais 5 ans. Nath ne met aucun doute sur ce que je lui dis… Une vague immense de tristesse me tombe alors dessus et s'empare de moi quand mes yeux se posent sur Anna, ma petite fille, ma toute petite fille qui aura bientôt 6 ans. Je regarde sa taille et je me dis que j'avais un an de moins qu'elle quand c'est arrivé, mon corps était un an plus petit que celui de ma fille quand ce garçon m'a fait ce qu'il m'a fait et là ça fait très mal. Je ressens une profonde tristesse pour le moi enfant, la Marie petite, la Marie de 5 ans et je me dis comme c'est injuste. Que sait-on de la vie à 5 ans ? Que sait-on de la sexualité ? Je le vois bien, le petit monde de ma fille c'est sa famille, son école, ses livres d'histoires, ses dessins animés et ses doudous.

Le soir au repas je regarde Anna manger, le repas est calme et je sens les larmes me monter aux yeux, je me demande : en combien de temps se déclenche l'amnésie traumatique ? Est-ce que j'y pensais encore le soir même pendant le repas ? Est-ce que j'ai mangé en silence comme Anna sans ne rien oser dire ? Mon cœur se déchire et j'abrège mon repas pour monter dans ma chambre. C'est dur. En même temps, je me sens toujours détachée de moi-même, comme si je souffrais pour quelqu'un d'autre que moi.

Mercredi 25 mars 2020

Je me réveille angoissée dans la nuit. J'ai peur. C'est plus que de l'anxiété. Ça ressemble à la peur panique que j'ai ressentie parfois au début de ma dépression. Je suis choquée. Je ne comprends pas ce qui m'arrive. Je me dis que c'est donc ça que j'ai ressenti à cinq ans, une grande peur. Mme Stein avait raison quand elle m'a dit une fois : « Il a dû se passer quelque chose qui vous a fait très peur dans votre enfance. » C'était donc ça ? Plus le changement radical de cadre de vie, le passage de l'hémisphère nord à l'hémisphère sud, un climat et un mode de vie totalement nouveaux. Une multitude de nouvelles rencontres, parfois en décalage total avec mon âge et mon monde d'avant. Et puis le fait de ne pas pouvoir parler, mettre des mots pour m'expliquer ce qui s'était passé. Ma mère qui est partie quelque temps après me laissant gérer seule mes questions et ma solitude.

Entre le réveil dimanche matin après le rêve de Dominique et de l'agent comptable et ce mercredi vers 11 h 15 où je m'assois par terre dans le salon avec Anna pour faire un puzzle je suis clairement dans un état que j'identifierai bien plus tard comme un genre de stress post-traumatique. Encore le soir je suis sidérée d'avoir enfin réussi à mettre le doigt sur le fond de mon problème, ça me semble tellement énorme que j'ai besoin de relire les pages de mon petit cahier bleu où j'ai écrit ce qui s'est passé, pour m'assurer que c'est bien réel. Hier, lendemain de mon rendez-vous chez la psychiatre j'ai aussi eu besoin de redemander à Nath de me résumer ce que je lui avais confié la veille pour vérifier que ça s'était bien passé, que je n'étais pas folle et n'inventais pas tout dans ma tête. Bien sûr elle me redit exactement ce que je lui ai raconté et je suis submergée de tristesse. Je vais pleurer, sangloter (doucement, mais des sanglots profonds) la tête sur ses genoux. Nous sommes sur le lit de notre chambre et Nath va caresser longuement ma tête pour tenter de m'apaiser.

Jeudi 26 mars 2020

J'ai l'impression que le souvenir qui s'est réactivé est déjà en train de repartir. En revanche, la sensation de stress et de détresse se ravive plusieurs fois par jour dès que je me retrouve dans une situation dont le contrôle m'échappe, quand il y a du bruit et de l'agitation autour de moi et quand je suis dans une petite pièce. Lorsque la pièce est petite et sombre, c'est pire. Par exemple, je peux vraiment m'agiter et perdre mes nerfs avec Jack lorsque je lui fais faire la classe à la maison dans sa petite chambre. Tant qu'il coopère, qu'il est calme et docile, tout va bien, mais dès qu'il oppose une résistance au travail, gigote sur sa chaise, chante, fait du bruit, me provoque je perds mon calme et je rentre dans un état de stress et presque de détresse en me disant que je perds le contrôle de la situation. Aujourd'hui lorsqu'il a tiré vivement les rideaux pour occulter le soleil qui rentrait dans la pièce j'ai cru me trouver mal lorsque la chambre s'est retrouvée obscurcie. Idem lorsque je joue avec les enfants. Quand tout se passe bien et que nous avons des moments de rigolade et de partage, c'est une sensation extra, mais dès qu'un conflit éclate entre les enfants ou même juste une petite chamaillerie je n'ai aucune patience et je me sens complètement débordée. Plus je me stresse, plus je leur transmets mon stress. Idem dès que Nath hausse à peine le ton, je ne supporte pas, ça me fait mal comme une enfant qui se fait gronder très fort. Je me retrouve à chaque fois comme une enfant vulnérable, dépassée, incapable de gérer, qui a peur et qui stresse pour tout.

Je me mets à douter de mon souvenir d'il y a quarante ans, je doute même m'être souvenue du souvenir lorsque j'étais adolescente il y a trente ans.

Vendredi 27 mars 2020

J'ai un entretien téléphonique avec Mme Stein en raison de la pandémie. Ma psychothérapie a commencé il y a 14 mois maintenant. Je pensais avoir tout prévu, mais je n'arrive pas à rentrer son numéro pour l'appeler via WhatsApp. Comment ai-je pu ne pas prévoir de le faire à l'avance ? Je sais pertinemment avec la classe innovante qu'il faut toujours tester avant le matériel… C'est un acte manqué, je crois. Ce ne sera pas un appel vidéo, mais un appel téléphonique sans se voir et en fait ce sera mieux. Je pourrai bouger et même prendre des notes de ce qu'elle me fait comme feed-back.

Je raconte que je me suis dépêchée de tout préparer pour que les conditions soient calmes et que les enfants soient occupés pendant cet appel. Que j'ai cru comme souvent que j'allais être débordée et je me suis fait la réflexion suivante juste avant d'appeler. Nath reste parfois immobile à me regarder me dépêtrer avec les enfants, sûrement pour ne pas contredire ce que je fais ou me dévaloriser comme si j'avais besoin d'aide, mais moi je ne supporte pas ça, je ne supporte pas qu'on ne me vienne pas en aide et qu'on reste là à me regarder quand je suis en difficulté… Ce sentiment d'impuissance m'est insupportable.

Je dis que j'ai beaucoup avancé depuis une semaine et que j'ai beaucoup lu et écouté de choses sur Freud, l'interprétation des rêves et ses premiers pas en psychanalyse.

— Un souvenir m'est revenu de la période où nous vivions à l'île de la Réunion.

— Quel est ce souvenir ?

— Attendez, il faut d'abord que je vous raconte un rêve très important que j'ai fait la veille et qui va déclencher le souvenir.

Je raconte mon rêve avec Dominique et la recherche de l'agent comptable.

— Donc vous cherchez l'expert. Mais c'est vous aussi l'expert. Et qu'est-ce que vous faites pour y arriver ?

— Je pose des questions, je cherche, je fais comme une enquête.

— Oui, c'est ça. Vous cherchez, vous enquêtez en posant des questions et en vous éloignant de la première réponse qui vous est donnée. Vous cherchez des preuves concrètes, des documents. Vous avez souvent besoin de tenir des preuves concrètes entre les mains (fait allusion à tous les écrits que je lui avais apportés à la suite de l'incident Pronote et aussi à un dessin d'Anna avec lequel j'étais venue en séance une fois, mais elle n'avait pas voulu voir ces documents préférant que je les mette en mots).

— Il y a des hommes dans mon rêve, je me tourne vers des hommes, je cherche un homme pour trouver la solution. La réponse est du côté des hommes et non pas de ma mère. Je fais fausse route avec ma mère. Je dois justement prendre une autoroute et m'éloigner pour trouver, aller plus loin. Peut-être remonter plus loin le fil du temps.

— Ce qui vous met sur la voie c'est une feuille avec des choses écrites dessus au stylo sur une feuille blanche, comme une lettre. Peut-être s'agit-il de la lettre de Maria. Le lieu était le bon en tous cas, la Réunion.

Je raconte que le souvenir qui m'est revenu est très ancien, il me semble m'en être souvenu à la fin de mes années collège ou au lycée puis je me mets à rire parce que je doute à nouveau.

— J'en ai parlé au docteur Legrand et lui ai tout de suite demandé s'il était possible d'inventer un souvenir.

— Peu importe ce qu'a dit le docteur, je suis là, je vous écoute.

— Vous voyez, le problème c'est que le souvenir qui remonte déjà à il y a presque une semaine est déjà en train de repartir, je me mets à douter que ça s'est vraiment produit, que ça ait pu m'arriver à moi. Et là ce qui est fort c'est que je doute même de m'être souvenue une ou deux fois du souvenir ! C'est un événement qui s'est produit et que j'avais classé dans ma mémoire comme anodin dans mon enfance, mais là en y repensant maintenant il m'apparaît évident que ce n'était pas anodin du tout.

À ce stade-là, je crois vraiment ce que je dis sur le caractère anodin de l'incident.

— C'est normal, ce n'est pas la Marie Serier enfant qui parle là, mais la femme, la mère de famille. Celle qui a vécu cette histoire c'est la Marie Serier enfant, qui a vécu avec ce secret. Que s'est-il passé à la Réunion ?

— Je dois le dire là maintenant tout de suite ?

— Oui bien sûr.

— C'est difficile…

— Je vous écoute.

— Attendez, il faut que je vous donne le contexte.

— Oui, je sais que vous avez besoin de rituels, vous avez besoin de tout un parcours pour accéder à ce que vous avez à dire, c'est souvent comme ça.

— Mon souvenir remonte à l'année où nous venions d'arriver à l'île de la Réunion, en 1980. Nous sommes quelques mois, quelques semaines, juste avant mon cinquième anniversaire. Ça je le sais, je peux situer précisément dans le temps, car je me souviens de ma fête d'anniversaire et d'autres événements qui sont présents dans ma mémoire autobiographique.

Elle sent que je m'agite, je bafouille.

— Vous êtes sûre que je dois vous le raconter là tout de suite ? Parce qu'il y a tous les éléments déclencheurs autour et d'autres souvenirs qui corroborent ce qui se serait passé, mais je ne suis pas sûre en fait. Non si je suis sûre, mais c'est difficile à raconter.

— En tous cas c'est très présent en vous. Même s'il y a cette mise à distance, je sens que c'est très présent en vous. Je sens que vous vous agitez là, même si je ne vous vois pas, je le sens au téléphone. Que s'est-il passé à la Réunion ?

— On venait de s'installer depuis deux ou trois mois dans une maison de location, à côté il y avait des voisins qui avaient des enfants. Mon père avait installé une petite piscine pour qu'on se baigne et les voisins étaient souvent invités. Il avait aussi un local à outils à côté de la piscine et un jour nous étions plusieurs enfants et nous avons échappé à la surveillance des adultes. Je me souviens d'un garçon plus âgé, je ne revois pas son visage, je ne me souviens pas de son nom, je revois juste ses jambes (il a la peau métisse) et de son short vert. On était tout le temps en short à la Réunion et je me souviens qu'il a initié un jeu et qu'il avait baissé son short et son slip et demandé de baisser le mien et ma culotte. En fait ce qui m'est revenu en plus de ces images c'est que je me suis souvenue d'une phrase qu'il m'a dite.

— Quelle est cette phrase ?

— Je ne peux pas la dire.

— Pourquoi ?

— Je n'ai pas envie de la dire, je ne suis pas prête. Je ne veux pas la dire tout de suite.

— Prenez votre temps.

— Je ne peux pas, je ne suis pas prête, elle est moche cette phrase.

— Pourquoi est-elle moche ?

— Oui c'est vrai ça doit vous sembler ridicule, vous avez dû en entendre plein d'autres. Bien sûr que je vais vous la dire, mais pas tout de suite. Je me souviens de la phrase d'après, je peux peut-être commencer par vous dire la phrase d'après et ensuite je dirai la précédente.

— D'accord, faites comme ça…

— Je vais dire la 2e phrase avant de dire la 1re, ce sera moins difficile. Le garçon a dit que le jeu ne marchait pas sur moi parce que j'étais trop petite et qu'il faudrait qu'il essaie sur quelqu'un d'autre, Annie, « au moins Annie par exemple ». Annie était la sœur aînée d'Andréa, la fille qui était avec moi, et elle avait au moins 10 ans je dirais. Et ensuite, la phrase d'avant… Je fais une pause, je m'agite, je suis très instable et Mme Stein l'entend.

— Je sens que vous êtes agitée, que c'est difficile pour vous là, je suis là, vous savez que je n'ai pas peur de ce que vous allez me dire. Je vous écoute.

— Ce n'est pas si grave, en fait c'est bizarre, j'en parle comme si je ne parlais pas de moi, de quelque chose qui ne m'était pas arrivé à moi.

Et encore au moment où j'écris ces lignes c'est comme si je ne parlais pas de moi.

— Oui, mais même s'il y a cette mise à distance, je sens que cette phrase est vraiment très présente en vous, elle vous a pénétrée.

Je me lance :

— Avant la deuxième phrase, il a dit : « Ça ne rentre pas ». C'est la preuve qu'il y a eu contact.

Pause. Elle attend de voir si j'ai fini de parler puis dit :

— Oui, il vous a touchée avec son sexe. Il a mis son sexe sur le vôtre et a fait effraction. Ce qu'il a fait est grave.

Dimanche 29 mars 2020

Je souffre. 40 années plus tard, il me fait encore souffrir. Une semaine depuis que le souvenir m'est revenu. J'ai peur, j'en ai presque les mains qui tremblent par moments. Cela viendrait-il de là, mes mains qui laissent parfois échapper un objet parce que je veux aller trop vite ? Les enfants disent que je suis maladroite, je renverse, je fais tomber, c'est vrai ! Après tout mon diagnostique psychiatrique est que je souffre d'un trouble anxieux. D'aussi loin que je me souvienne j'ai toujours été nerveuse, mais là ça va bien au-delà. Je me dis qu'il a été là toute ma vie, comme une ombre pesante au-dessus de moi. Il était là quand j'étais enceinte, il était là quand j'ai accouché, là le jour de mon mariage, à chaque moment de ma vie où le bonheur devait être parfait, j'avais tout pour être heureuse et bien non, quelque chose n'allait pas tout à fait, comme si ce bonheur ne m'appartenait pas, comme s'il était celui de quelqu'un d'autre. J'ai dit une fois en thérapie : je me dis que je ne pourrai jamais être heureuse. Je le pensais vraiment, aujourd'hui je sais que si, mais c'est difficile, j'ai tellement longtemps eu la sensation de vivre en dehors de ma vie, de la vivre en spectatrice.

Mardi 31 mars 2020

Pour le 2e jour consécutif, Anna vient me rejoindre à côté de moi sur mon lit pendant ce que nous appelons le temps calme. Je suis presque endormie et elle arrive, déboule, très agitée, j'ai remarqué que ces derniers temps elle ne supporte pas de me voir allongée. Lundi et mardi matin j'ai passé 2 très mauvaises nuits et chose très rare de ma part, je n'ai pas pu me lever pour Anna. C'était arrivé dans une période de conseil de discipline pour un élève perturbateur que je ne voyais jamais sanctionné. Anna avait commencé à s'arracher les cheveux et se réveillait à 5 h 30, j'étais crevée et irritable (lié aux événements du collège) et plus j'étais fatiguée plus elle se réveillait tôt. Bref, je crois que ces 2 matins de suite où nous n'avons pas eu notre moment ensemble (câlin café canapé comme on l'appelle) du matin et notre petite heure, heure et demie juste toutes les deux ont réveillé ses peurs que je retombe malade et même des angoisses de mort. On entend parler de morts à la télévision tous les jours à cause du Covid. Bref, hier elle m'a raconté une histoire qui semblait n'avoir ni queue ni tête, mais qui avait eu le mérite de me sortir de ma torpeur (j'avais très sommeil et commençais à m'endormir quand elle est arrivée dans la chambre. Je ne voulais pas du tout me lever, mais elle faisait tout pour ne pas me laisser dormir). Ça a réussi, car son histoire et ses phrases farfelues m'ont plusieurs fois fait éclater de rire, ce qui a relancé à chaque fois de plus belle son imagination. Une fois moins endormie je me suis redressée un peu, Anna était à genoux à côté de moi et s'agitait pour faire bouger le lit et je me suis rendu compte que ce qu'elle disait avait aussi du sens, à travers l'humour et une histoire qui semblait très confuse à la « stream of consciousness technique » elle me disait des choses vraiment importantes. Elle est revenue aujourd'hui après le déjeuner en sautant sur mon lit et m'attrapant le visage entre ses mains pour me dire : « Alors, tu vas me les donner les 10 milliards cinquante euros pour que j'achète un bateau ? » d'une voie très théâtrale ! Anna est très forte pour prendre différentes voix pour faire parler les différents personnages qu'elle joue. Et elle vit son histoire en bougeant, courant, sautant, faisant des bruitages et modulant sa voix et son intonation. C'est très surprenant de la voir faire pour qui n'a pas l'habitude. Une vraie petite comédienne. Bref, dès que je l'ai vue recommencer son petit manège, je lui ai demandé de me raconter à nouveau son histoire de la veille. Quand ce qu'elle disait n'était pas clair, je lui ai demandé des explications pour qu'elle reformule et là au bout de quelques minutes je me suis dit : Wow ! 6 ans dans quelques jours et quelle clairvoyance, quelles capacités d'expressions exceptionnelles pour son âge, quelle imagination.

— Ça suffit la malédiction de dormir maman ! Parce que ça peut durer toujours et après il faut un antidote.

— Anna, tu t'inquiètes quand maman dort ?

— Oui, maman elle charge sa colère dans sa tête quand elle dort. Elle fait semblant de dormir et elle ne veut pas que la malédiction s'arrête. Quand elle se réveille, elle est très méchante comme un tigre qui est très méchant et qui a très très faim et elle est très nerveuse. La couette est un pays très chaud (elle se met sous la couette). Elle bouge dans tous les sens et rigole.

— Mais Anna tu dis que maman est méchante après avoir dormi ?

— Oui, ensuite elle est un tigre, elle est très méchante avec tout le monde et elle excite les enfants. Elle fait référence aux reproches de Nath pour avoir excité les enfants lors d'un appel vidéo à leurs cousins. Elle me reprochait de ne plus arriver à contrôler les enfants, elle est montée s'isoler et est descendue en pleurs, ce qui a marqué les enfants, car la dernière fois qu'ils l'ont vue pleurer c'était cet été quand elle leur a dit que maman allait quitter la famille pour aller habiter ailleurs.

Mercredi 1er avril 2020

Je suis prise de peur dans le jardin, j'ai du mal à réagir, à me lever de ma chaise. Je sais que je dois rentrer dans la maison pour m'éloigner des cris et de l'agitation des enfants, mais je ne peux pas. Nath comprend elle ma détresse ? Nous sommes assises sur les chaises confortables au soleil, au chaud dans nos blousons, les enfants jouent tout ce qu'il y a de plus normalement, mais il est vrai que Jack chahute, provoque un peu sa sœur et pousse parfois des cris. Il a une épée en jouet à la main et il défie sa sœur, la supplie de jouer avec lui, mais comme souvent elle vit sa vie et veut jouer seule. Elle dit non plusieurs fois, mais il n'accepte pas qu'elle le rejette. Comme moi en fait. On a le même problème et ça me stresse de l'entendre d'une oreille et de l'avoir en visuel alors qu'il tournoie autour de nous. Nath me parle dans l'autre oreille du collège, des élèves de ma classe principale de 3e qui n'ont rendu aucun devoir, ceux qui ne répondent pas aux messages Pronote. Ça me stresse beaucoup. Je voudrais lui dire que je ne pense pas pouvoir reprendre le travail après le confinement, je lui explique que je ne pourrai pas supporter le bruit qu'il y a dans un collège et de gérer 30 enfants en même temps et je me mets presque à paniquer. Je lui dis que j'ai mal à la tête et que je ne supporte pas les cris et l'agitation de Jack. Je lui dis que je ne sais pas quoi faire. J'aurais voulu rester dans le jardin à discuter avec elle, mais ce n'est pas possible. Jack s'agite dès qu'il nous voit parler ensemble. Il devient parano, ça ravive son propre choc de la dispute qu'il a entendue entre Nath et moi la nuit à Valras plage l'été dernier. Hier, il m'a entendue lui raconter l'histoire d'Anna sur la malédiction et il a entendu le mot antidote. Il était persuadé que je disais à Nath que j'étais malade du Covid et que j'allais mourir. Voilà le genre d'idée qu'un enfant de 8 ans est capable de se mettre dans la tête. Il a besoin d'être sécurisé et rassuré.

Je constate aussi que mes manies reviennent en plus fort, j'en ai toujours eu, voire des tocs bizarres : quand je monte le son de la télé, le chiffre de la télécommande doit absolument tomber sur un chiffre pair, et je dois m'arrêter sur un chiffre qui monte, jamais sur une succession de chiffres qui descendent. J'ai honte en écrivant ceci, mais le but de ce journal est de tout dire pour que certaines personnes s'y retrouvent et comprennent pourquoi elles ont tel ou tel fonctionnement. De ce que j'ai lu, ce genre de manie est une manière de contrôler les choses, encore une fois. Enfin, je n'irai pas jusqu'à dire que j'ai des phobies, à part peut-être les vers de terre ou les serpents (facile de comprendre pourquoi), mais j'ai un dégoût écœurant lorsqu'il s'agit de toucher une éponge mouillée, encore plus si elle a déjà beaucoup servi et qu'elle est un peu sale, mais même propre le contact avec cette matière mouillée tout comme une serviette pour les mains déjà mouillée m'est difficilement supportable. C'est un problème quasi quotidien et Nath a pris l'habitude de me proposer que ce soit elle qui passe l'éponge sur la table après chaque repas. Idem pour tout ce qui est crème, je supporte mal d'avoir les mains qui collent. Sans imaginer le pire je me dis que c'est un déplacement du dégoût qui j'ai ressenti avec un certain contact lors de mon agression. Personne n'aime spécialement toucher une éponge ou avoir les mains collantes, mais pour moi c'est accentué. Ces manies et cette obsession de la propreté ne sont pas faciles à cacher en famille et m'ont valu le surnom de « miss hygiène » de la part de Nath, mon père se moque régulièrement de moi ce qui me vexe parfois et ma mère plaisantait souvent sur le temps que je passe dans la salle de bains avant d'aller quelque part. Mieux vaut en rire, je suppose. Je me rends compte que ces dernières années aller quelque part, rencontrer de nouvelles personnes est de plus en plus compliqué. Recevoir des gens chez moi ou aller chez eux aussi, ça a toujours été le cas, mais là je le ressens davantage. La peur de l'inconnu, je pense, car l'inconnu, l'imprévisible peut faire beaucoup de mal. J'ai besoin de rester comme dans un périmètre de sécurité. Il est vrai que j'ai peu d'amis, ce sont les mêmes depuis des années, des personnes que je connais bien et qui me connaissent bien et qui sont fiables. Bref, j'évite de plus en plus les situations nouvelles qui pourraient engendrer de l'anxiété.

À ce propos, quand l'anxiété est très forte, toutes les actions rituelles quotidiennes qu'on appelle des actes compulsifs me prennent du temps : ça se manifeste le matin avant d'aller au travail et aussi le soir. Il s'agit d'actions que je répète plusieurs fois. Le matin, passer plusieurs fois dans la salle de bains, me recoiffer, remettre du déo, repasser aux toilettes alors que je viens d'y aller, boire un verre d'eau… Le soir ce sont des objets que je dois avoir su ma table de nuit et que je remets en place plusieurs fois : mouchoir, lunettes, verre d'eau, téléphone et écouteurs. Et re boire, toilettes…. Si je ne le fais pas, ça ne va pas.

Jeudi 2 avril 2020

Chaque nouveau jour, dès mon réveil, dans le silence du petit matin, je prends le temps de ressentir. Je me réveille très tôt avant Anna et je suis contente d'être réveillée avant tout le monde contrairement au fait d'avoir très mal vécu pendant longtemps de ne pas pouvoir suffisamment dormir. Je trouvais injuste, chez mes parents par exemple quand Anna était bébé, de me lever pour préserver tout le monde. Je réfléchis allongée au calme dans mon lit et je fais le point sur ce que je ressens, je suis immobile et je ressens. J'ai toujours cette sensation d'anxiété dans ma poitrine, comme si je touchais du doigt un moment important de ma vie. Est-ce le passé qui me fait peur, car je le revis, est-ce le futur et ce que je vais découvrir, ce dont je vais enfin me souvenir totalement qui me fait peur ? Je ressens, je rentre au plus profond de moi. Chaque jour je comprends un peu plus mon histoire et qui je suis et ça cela fait un bien fou. Tout s'explique enfin, toutes les pièces du puzzle tombent petit à petit en place. Je sens et ressens très nettement que j'avance vers un sentiment que je connaîtrai enfin peut-être : la plénitude et l'acceptation de moi et de tous les événements de mon parcours qui font qui je suis, qui je suis moi, réellement. J'aurai identifié les blessures qui m'empêchaient d'être moi-même.

12 mai 2020

Je propose à Nathalie de l'aider à réaliser un tutoriel vidéo de SVT pour ses élèves. J'en ai fait plusieurs en anglais pour mes classes, car, étant toujours en confinement, je trouve que c'est un bon moyen d'expliquer ou de réexpliquer certaines notions, l'avantage étant que les élèves peuvent visionner ou revisionner la vidéo autant de fois que nécessaire, mettre sur pause le temps de bien comprendre. Nath travaille sur la reproduction chez les animaux. Elle m'a exprimé le fait qu'il est difficile pour elle en enseignement à distance de dire et d'expliquer tout ce qu'elle explique habituellement en présentiel. Sans parler de l'interaction spontanée avec les élèves en classe qui manque cruellement, d'où la vidéo. Elle sélectionne les images qu'elle souhaiterait montrer aux élèves, puis nous mettons en forme ses cours écrits, je lui montre comment faire des captures d'écran puis je mets dans l'ordre les diapos dans mon logiciel de montage. Nath enregistre sur son téléphone portable ses explications puis j'insère ses commentaires audio aux images. Nous réglons ensemble la durée où apparaît chaque image pour que cela colle aux explications. Pour rendre le tout plus attractif, j'ajoute quelques émoticônes pour bien représenter la parade nuptiale, et le fait que les canards, le paon ou autres oiseux mâles sont plus colorés que les femelles, chantent plus fort, etc. Le tuto s'adresse à ses classes de 4e, il faut rester ludique pour ne pas les perdre ! J'apprécie grandement cette collaboration pédagogique avec mon épouse. Cela me fait penser à notre première collaboration l'année où je suis arrivée au collège et où nous nous sommes rencontrées. Il s'agissait de ce qui s'appelait alors un « itinéraire de découverte » (IDD) anglais-SVT sur l'environnement. Ce tutoriel va également grandement me chambouler. À un moment, Nath prend l'exemple des crocodiles chez les reptiles pour expliquer que la femelle est toujours beaucoup plus grande que le mâle. Elle explique que c'est en raison de l'accouplement, pour des raisons techniques : le mâle doit introduire ses cellules reproductrices chez la femelle par un orifice qui est le cloaque et doit monter sur la femelle. S'il est trop lourd, il va lui écraser la colonne vertébrale et la tuer. Pour qu'il y ait une possibilité de reproduction sans anéantir la femelle ce dimorphisme de taille est nécessaire et on va le retrouver chez tous les reptiles : serpents, lézards et on sait même que les tyrannosaures femelles étaient deux à trois fois plus imposantes que les mâles. Quand j'écoute pour la première fois l'enregistrement de Nathalie, je suis choquée. Moi qui voulais faire une passerelle vers l'anglais et exploiter une partie du tuto pour réexpliquer le comparatif en mettant un lien sur mon blog, j'en suis incapable. Je compare cette inégalité physique entre l'homme et la femme. L'image d'être écrasée sous le poids de l'autre réveille en moi quelque chose qui me repousse. Je ne sais pas exactement quoi, mais je commence à repenser à ma sexualité hétéro et je ressens un profond malaise.

Partie VI
Introspection

— Je ne comprends pas ce qui fait traumatisme docteur.

Nous sommes au début du mois de mai 2020 et l'entretien avec la psychiatre a commencé depuis quelques minutes et j'entre déjà dans le vif du sujet.

— J'ai eu une sexualité hétéro avant de connaître ma première compagne puis ma femme et ça ne m'a pas posé de problème.

— Ça n'a rien à voir.

Je rentre chez moi et je réfléchis à ce que j'ai dit au médecin. Formidable mécanisme d'autoprotection que ce que notre cerveau est capable de mettre en place en ne sélectionnant dans la mémoire accessible que les bons souvenirs. Était-ce si agréable ? Je ne le crois pas !

***

Hiver 1998. Ludovic fredonne parfois cette chanson par provocation : « Je te prendrai nue dans la Simca mille ! » Qui a bien pu avoir l'idée d'écrire et d'enregistrer des paroles comme ça quand j'y pense ! Mais je suppose que ça me faisait rire, j'ai sûrement dû en rire avec toi. Tu ne m'as pas prise nue dans une voiture Ludovic, mais tu as pris, tu as pris et repris selon ton bon plaisir, pour assouvir tes pulsions sans jamais prendre en compte ce que je voulais. En même temps, c'était tellement facile avec moi, d'autant qu'on pourrait dire que je t'ai poussé au crime puisqu'au départ j'étais consentante. Et pourtant j'en ai usé de stratégies, j'y repense avec fierté maintenant : quelles ressources ! Le bain moussant en prélude, ça t'a bien plu ça je me souviens : ce qui se devinait sous la mousse était parfait pour faire monter l'envie. J'ai tenté de varier le lieu, les positions, le rythme. Je voulais avoir le dessus moi, mais non, il fallait que le scénario se termine toujours à ta façon, toujours de manière brusque, irrépressible et humiliante quand j'y repense a posteriori, et ce quel que soit ce que j'avais proposé au départ. Même si j'avais voulu me dégager et te stopper je n'aurais pas pu vu ta carrure et la force avec laquelle tu me maintenais tel un objet disposé à ta guise, et le pire c'est que je n'essayais pas. Comment aurais-je eu l'idée de protester, d'émettre un avis, d'oser exprimer plutôt que juste suggérer ce que je désirais ? Il y a bien eu cette fois tout de même où je t'ai dit : « doucement » et là je n'en suis pas revenue, tu m'as répondu « non ». J'ai dû disjoncter, comme lorsque l'on entend quelque chose qui ne s'imprègne pas, qu'on ne peut pas l'intégrer, l'enregistrer. Pris dans le feu de l'action, tu ne pouvais pas t'arrêter, j'ai attendu que ça se passe, mais à partir de ce jour-là ça n'a plus été du tout, je peux te dire que je ne jouais plus. Ça a continué un peu bien sûr puisque j'avais la propension à me mettre dans des situations qui me font souffrir et puis sûrement pour vérifier qu'il ne devait pas être possible que tu n'aies pas entendu mon « doucement » ou plutôt que tu n'en tiennes pas compte, car tu l'as très bien entendu puisque tu y as répondu par un « non ». Je ne me souviens d'aucune caresse, d'aucun geste tendre, de toute façon nous n'étions pas connectés émotionnellement, sentimentalement, amoureusement. Tu étais disponible, moi aussi, ça tombait bien. Et puis tu étais gentil, généreux en restos, en bijoux, ciné et autres sorties. Tu gagnais ta vie et tu avais un bon travail, tu t'installais dans un nouvel appartement. Tu étais pourtant prévenant, je me souviens de cet énorme bouquet de fleurs que tu m'avais offert pour mon anniversaire. Tu passais me prendre tous les week-ends chez mes parents, ce soir-là j'avais alors dû rentrer donner le bouquet à ma mère pour le mettre dans un vase. Mes parents n'ont jamais demandé à te rencontrer ni à t'inviter à la maison, ils ne pouvaient concevoir que j'avais grandi et il était établi tacitement que ma sexualité ne se ferait pas sous leur toit. Ma mère appréciait pourtant que tu t'occupes de moi puisqu'elle m'avait accompagnée t'acheter une lampe pour ton appartement. Sur le papier tu avais donc tout du gendre idéal, pourtant pour l'essentiel tu as mal agi. Dès les premières fois dans la voiture lorsque tu me ramenais tard dans la nuit : nous n'avions pas encore couché ensemble, on se connaissait depuis peu et tu as laissé balader tes mains sur moi. Le haut de mon corps ne t'intéressait pas. Je ne voulais pas être touchée comme ça, moi, être embrassée, ça allait, mais pourquoi ce besoin d'intrusion ensuite ? Qu'est-ce que ça t'apportait de plus ? Je me souviens m'être demandé si c'était normal, si ça se passait comme ça pour tout le monde, je ne m'étais jamais retrouvée ainsi à flirter dans un lieu clos avec mes autres petits copains, si tant est qu'on puisse appeler ça des petits copains, je dirais plutôt des flirts d'un soir qui ont croisé mon chemin en boîte de nuit en ville ou en camping. Toujours cette indistinction, cette incertitude entre ce qui est bien et mal, ce qui se fait ou ce qui ne se fait pas. Mais non, ce n'est pas que ça ne se faisait pas, c'est que je ne voulais pas. Mais là encore, on pourrait dire que c'était de ma faute, que je l'avais cherché. Il est vrai que j'avais du désir, de la curiosité et comme je l'ai dit je t'aimais bien. Alors je n'ai rien dit. Ni la première ni toutes les autres fois dans la voiture.

Peut-être est-ce moi qui ai ressenti les choses de manière hypersensible à cause de l'événement de mes 5 ans. Le fait d'être à l'étroit dans un lieu clos comme une voiture, l'effraction inattendue, le fait de subir parfois nos ébats rejouaient certainement à chaque fois la victimisation. Peut-être que ce que je relate est banal, d'une triste banalité, mais pour moi cela a définitivement tranché, acté le fait que je ne pourrai plus jamais me soumettre au désir d'un homme. Comme il paraît que je sais intuitivement m'entourer des bonnes personnes, d'après Mme Stein, j'ai heureusement pu remanier cette expérience catastrophique de manière positive puisqu'il y aura Olivier quelque temps plus tard, à l'étranger, loin de chez moi et grâce à lui j'ai découvert tout autre chose. C'était juste avant de rencontrer ma première compagne comme pour vérifier une dernière fois que je n'aurais pas de regret à me détourner de l'hétérosexualité. Ça a été mieux, Olivier était tendre et attentif à moi et à mes envies. Il était sûrement salutaire que je me rende compte que tous les hommes ne sont pas brusques et égoïstes dans l'intimité. En revanche, ça n'allait toujours pas dans le sens où je n'avais aucun sentiment pour lui, je m'étais consolée dans ses bras, car la belle étudiante que j'avais en vue et que je pensais attirée par moi ne l'était en fait pas du tout, ni par moi ni par les femmes tout court ! Puis j'ai rencontré mon premier amour, une femme, et là j'ai su que c'est cette sexualité-là qui me convenait. Cette sexualité épanouie a été possible et a été la continuité évidente d'une rencontre dans le partage. Une fusion de deux personnes connectées et consentantes en tous points. Pour la première fois, les choses pouvaient être parlées avec cette partenaire, rien n'était tabou, rien ne semblait anormal.

Compliqué à définir le concept de consentement. On peut l'envisager sous différents angles : le consentement avec soi-même, le consentement peut aussi être mutuel, on peut arracher le consentement à quelqu'un… Je trouve que dans le cadre de relations hétérosexuelles il y a un côté inégalitaire au consentement, il est souvent féminin, on ne parle presque jamais du consentement des hommes. Sûrement ce sous-entendu, ce stéréotype, cette croyance installée depuis des lustres que les femmes sont à la disposition des hommes, que les femmes devraient du sexe aux hommes. Que reste-t-il de mai 68 et de la libération sexuelle ? C'est à cette période que les femmes ont commencé à prendre conscience de leur corps et de leur droit d'en disposer grâce à la légalisation de la pilule en 1967 puis il y a eu la légalisation de l'avortement en 1975. Le MLF des années 1970 s'est battu en employant des termes très forts contre la « phallocratie et l'oppression machiste ». Mais la libération sexuelle n'a-t-elle pas été surtout celle des hommes ? Les femmes désormais à l'abri d'une grossesse intempestive n'étaient-elles pas selon eux censées être à disposition tout le temps quand ils en avaient envie ?

En 1975 aussi, avec la légalisation du divorce par consentement mutuel, on a avancé encore un peu. Là on se place sur un plan d'égalité. Ces deux dernières années, le mouvement #Meetoo est dans la continuité de toutes ces luttes sur le devenir des femmes. Sa force est qu'il s'agit d'un mouvement planétaire amplifié par les réseaux sociaux. La parole circule enfin, car autant les hommes avaient intégré beaucoup de stéréotypes machistes, autant les femmes avaient malheureusement intégré le tabou et le silence. Je me réjouis de voir des mouvements de très jeunes femmes se positionner, comme Zitelle in Zergua et I was Corsica par lesquels des centaines de jeunes femmes victimes d'agressions sexuelles ont brisé le silence cet été en Corse.

Tant qu'il y aura des violences faites aux femmes, on n'aura pas d'égalité. La prévention est cruciale. Une statistique me fait froid dans le dos : une femme meurt sous les coups de son conjoint tous les deux jours et demi. C'est énorme ! C'est leur première cause de mortalité. Bien sûr, les violences sexuelles s'accompagnent des coups. Les petits garçons comme les petites filles doivent être briefés sur leur rapport à leur corps, il est important qu'il soit clair dès le plus jeune âge sur le fait que le corps n'est pas à disposition des autres, il nous appartient. Nul n'a le droit d'enfreindre l'intimité de l'autre, ce n'est pas un dû. Si ce dialogue est difficile au sein de la cellule familiale, c'est le rôle de l'école aussi d'informer et de former les jeunes. Le consentement avec soi-même c'est déjà être au clair avec ce que l'on accepte et ce qui est inacceptable et cela va de la grande tante âgée qui fait des bisous baveux à son petit neveu qui n'en a pas envie et qui n'a pas son mot à dire à l'ami de la famille qui a les mains baladeuses ou même fait des remarques ambiguës sur le corps d'une jeune ado qui se transforme. Lors de ma relation avec Ludovic je ne m'étais jamais posé ces questions donc j'ai subi.

Vendredi 3 avril 2020

L'appel vidéo avec Mme Stein ne fonctionne pas, je m'y reprends de nombreuses fois pour mettre le son, mais au lieu d'attendre je clique trop de fois, puis Mme Stein me dit que le son est saccadé, elle me propose de m'appeler par téléphone normalement ce qui sera mieux en fait. Je gigote moins, je peux m'asseoir sur mon lit jambes tendues et du coup je peux me détendre un peu. Peut-être que la conversation n'aurait pas pris la même tournure sinon… on ne sait pas.

Je lui dis que la dernière conversation avait été un peu frustrante pour moi, car j'ai souvent la sensation de ne pas avoir le temps de tout dire. En plus là j'ai l'heure devant moi. Ça, c'est la première réaction, après je suis capable de me dire qu'il n'y a pas d'urgence, ce que je n'ai pas le temps de dire lors d'un entretien je peux le dire la fois suivante. Le travail est immense en fait, on n'est qu'au début. Je fais un aparté pour lui dire que j'ai vérifié sur la fiche LinkedIn du psychiatre de ma mère et il avait ouvert son cabinet en 1996 et pris sa retraite en 2015 donc ma mère a été en psychothérapie avec lui pendant 21 ans avant de poursuivre une relation d'amitié comme elle et mon père me l'ont dit.

Après je dis que l'entretien précédent avait surtout tourné autour d'Anna et c'était important aussi. Je dis à Mme Stein qu'elle m'a aidée à déculpabiliser en me faisant voir qu'Anna parlait aussi d'elle en évoquant le méchant tigre qui a parfois très très faim et qui est très très en colère. Je la remercie, car ça m'a aidée, les choses vont beaucoup mieux au niveau équilibre familial et on a enfin retrouvé un mode de fonctionnement équilibré et apaisé tous les quatre. Je la remercie aussi pour toute l'aide qu'elle m'a apportée depuis notre rencontre. C'est important pour moi de la remercier régulièrement et de lui dire toute mon admiration pour son travail.

Je dis que comme souvent je ne sais pas par quoi commencer cette séance tellement il y a de choses qui se bousculent dans ma tête. J'ai l'impression d'avoir le cerveau qui sature tellement que j'ai décidé d'arrêter de chercher, de creuser ma mémoire, d'analyser mes rêves, que j'ai conscience que je dois bien dormir pour que mon cerveau se repose sinon il va disjoncter. Je lui ai dit qu'hier soir je n'ai pas regardé d'écran ni regardé ou écouté de podcasts ou de conférences, mais relu mes cahiers.

— Vous savez à combien de cahiers j'en suis depuis le début de nos séances il y a 14 mois ?

— Non.

— Eh bien attendez, je les ai là, alors 4 petits cahiers de 96 à 100 pages et… et bien là dernièrement Nath m'en a acheté un grand de 100 pages parce que le petit format, ça ne suffisait pas. En plus là j'écris à l'ordinateur maintenant.

— Vous écrivez quoi ?

— J'écris nos séances.

— Vous notez quoi exactement ?

— Je note nos échanges, ce qui est intéressant c'est que je retranscris ce que j'ai dit, mais aussi ce que vous vous avez dit. Je note aussi mes impressions, mes conclusions, mes interrogations.

— Vous notez tout de suite après ?

— Ça dépend, je ne peux pas toujours, les enfants me sautent dessus quand je rentre à la maison, ils m'accaparent pas mal, j'essaie de noter le plus tôt possible avant d'oublier, car je sais pour mes élèves que plus on tarde à réactiver sa mémoire moins on la fixe. Généralement, je note sur le premier bout de feuille qui me tombe sous la main les idées, les thèmes essentiels dont on n'a pas parlé et que je ne veux absolument pas oublier puis je reprends mes notes un peu plus tard dans la journée, mais jamais plus de quelques heures après pour rédiger le contenu des séances à partir de ces notes. Hier soir, j'ai relu notre première séance, c'était édifiant, tout était posé, tout était posé dans les deux premières séances en fait Mme Stein. Vous m'avez parlé de mon intuition, de mon intelligence intuitive une fois et bien on peut dire que vous en avez une sacrément bonne vous aussi.

— Pourquoi est-ce que vous tenez à tout noter ?

— Parce que je ne veux rien oublier. Je me suis fait la réflexion l'autre fois que j'ai vraiment de la chance d'aimer écrire et que c'est ce qui me sauve. C'est bien connu que c'est thérapeutique d'écrire et j'ai lu aussi qu'écrire à la main est très bon, car ça allie la motricité à la pensée. J'adore la sensation d'écrire au stylo sur du papier. Au collège je réussissais bien en rédaction.

— Oui, vous pouvez vivre les choses dans l'écriture, il y a le plaisir du geste, le contact avec le papier, le bruit du stylo sur la feuille…

— Oui j'ai repensé dernièrement à certaines choses que je fais, des petites manies que j'ai depuis longtemps. Vous allez trouver ça bizarre… Je fais une pause : non en fait vous n'allez pas trouver ça bizarre, vous avez l'habitude. En fait depuis aussi longtemps que je m'en souvienne quand j'écris une lettre à quelqu'un, à la famille surtout, une carte ou en fait ça me le fait même lorsque je poste des documents officiels, je ne scelle jamais l'enveloppe tout de suite, je vais relire le contenu plusieurs fois, parfois même jusque devant la boîte à lettres où là je vais enfin sceller l'enveloppe juste avant de la glisser dans la fente de la boîte. Allez, je continue, vous allez me trouver folle, euh non j'ai eu cette discussion avec Nath dernièrement, car j'ai parfois l'impression de devenir folle en ce moment et elle m'a dit que la folie, ça n'existe pas. Disons que je suis très embrouillée. Bref, je disais quoi ? Ah oui, il m'est même arrivé de prendre en photo une carte ou une lettre que j'avais écrite avant de la poster ou de la donner.

Je me dis toujours qu'elle va être surprise par ce que je dis, mais sa réponse est réfléchie et posée comme toujours.

— C'est comme si vous vouliez garder vos écrits pour vous aussi.

— Oui, je le comprends maintenant, je comprends à quel point c'était important pour moi de le faire et que ça avait du sens parce que suite au traumatisme de l'événement… je ne sais pas trop comment l'appeler… appeler ce qui s'est passé, suite à l'événement traumatisant pour moi le circuit de ma mémoire a été interrompu.

— Oui, vous avez eu une amnésie pendant un certain temps…

— Oui, c'est là qu'on se dit que la nature est vraiment bien faite dans un certain sens.

— Oui, vous vous êtes protégée en oubliant pendant longtemps.

— Oui, j'ai oublié pour me protéger, mais je savais aussi au fond de moi qu'il y avait des choses qu'il ne fallait absolument pas que j'oublie. Je n'ai eu de cesse de conserver des souvenirs, des traces, des preuves de mon passé, de chaque étape de ma vie. Je garde tout. Nathalie a toujours eu du mal à comprendre que j'ai des boîtes et des boîtes de cartes, de lettres, de photos, de cartes postales que j'ai reçues depuis des années, des tickets de concert, de cinéma, des faire-part de naissance, de mariage de mes copines, parfois un très ancien relevé de banque où est inscrite une ancienne adresse pour garder un souvenir que j'ai habité là. Des articles de journaux, des publicités, des dessous de verre de pubs… La liste est si longue !

Je raconte que j'ai fait du rangement l'autre jour et que j'ai retrouvé de véritables trésors du passé. Tout ça, ce sont des preuves que ces moments ont existé, je savais qu'un jour je devrais avoir la preuve que mon passé a existé. Une vague d'émotion m'a submergée quand j'ai retrouvé un carnet dans lequel j'avais écrit ce que j'éprouvais pour une femme… en 1999 ! J'avais déjà ce besoin vital d'écrire.

— Oui, c'est logique, vous avez subi une effraction dans votre corps qui n'a pas été accompagnée de mots par la suite. Il n'était alors pas possible de dire, de parler des choses et pas possible de les écrire. De tout ce que vous m'avez donné à entendre depuis le début de nos entretiens c'est qu'il est très important pour vous de mettre en mots écrits les choses parlées, pour fixer les paroles comme si vous alliez oublier en effet. Quand vous avez des arrêts dans votre discours, que vous marquez une pause pour chercher vos mots, cela a une fonction, c'est toujours à un moment où vous êtes envahie par l'émotion. Pendant longtemps, il était totalement impossible pour vous de parler de vos émotions, vous avez tout gardé et dû encaisser pendant longtemps. Quand vous écrivez, vous avez toujours la volonté de garder la main.

***

« Effraction ». Je repense à ce mot et un frisson me parcourt d'un coup. Les nausées. Les 9 mois de nausées pour mes deux grossesses, pas seulement la première, mais les deux. Mon corps réagissait et m'alertait sur le fait que quelque chose faisait intrusion en moi. J'avais lu ça une fois comme explication des nausées des 3 premiers mois, mais pour moi l'alerte a sonné tout le long, je me rends compte que ce n'est pas un hasard du tout ! Mme Stein aurait pu m'aider à l'époque, c'était psychologique, la mémoire traumatique qui commençait déjà à se faire entendre. Je me dis alors comment se fait-il que les inséminations aient marché ? Mais je me souviens alors que c'était souvent une infirmière qui avait fait le geste, délicatement, prenant toutes les précautions nécessaires, j'avais été briefée à l'avance sur le protocole. L'équipe du CPMA que nous avions choisi en Belgique avait été remarquable, d'une grande prévenance et d'une grande douceur. Pareil pour les échographies faites à Paris pour voir si les conditions étaient réunies, je me souviens d'un médecin d'origine polonaise qui avait été d'une grande douceur et très encourageant. Et puis mon désir d'enfant était si fort, rien n'aurait pu l'empêcher.

Vendredi 24 avril 2020

Je m'entretiens avec ma psychiatre, le docteur Legrand, qui suit mon traitement médical, car je suis toujours sous forte dose d'anxiolytiques et d'antidépresseurs.

« Je pense qu'il est important que vous parliez avec Mme Stein de ce qui a pu faire effraction avec le petit ami que vous avez évoqué. »

Nous parlons depuis un moment déjà, le docteur m'a parlé de ses autres patients/es. Des jeunes filles qui ont perdu leur virginité alors qu'elles n'étaient pas encore prêtes. Je dis que c'est la majorité des cas, je pense. Elle dit oui cela arrive souvent, mais les conséquences peuvent être catastrophiques.

Mai 2020

Je découvre à travers mes lectures les conséquences à court et à long terme des abus sexuels subis pendant l'enfance. Plus l'agression a lieu précocement, plus les effets sont délétères à long terme. Ce n'est peut-être que mon ressenti, mais j'ai l'impression que beaucoup de gens les méconnaissent : honte, culpabilité, perte de confiance en soi, dépression, stress post-traumatique, anxiété ou angoisse, insomnies, difficultés sexuelles, re victimisation, troubles alimentaires, conduites addictives, dissociation et dans les cas les plus graves automutilation, voire suicide.

Je repense à cette ambivalence que j'ai : ma difficulté parfois à me considérer comme un bon parent en parallèle avec une très grande confiance en moi. Du fait de notre situation familiale atypique et du parcours qui nous a amenées Nathalie et moi à fonder une famille homoparentale, je suis passée par une phase où je me disais que je ne pourrais pas être maman, que ce serait injuste pour des enfants de vivre dans une famille hors norme, trop lourd à porter pour eux. C'est grâce aux associations homoparentales et notamment l'APGL, aux lectures et aux conférences auxquelles j'ai assistées et notamment les JEFH (journées européennes des familles homoparentales organisées par la ville de Paris en 2010) que mon point de vue a évolué jusqu'à la certitude que, quelle que soit la sexualité des parents d'un enfant cela n'aura pas d'impact sur son épanouissement dès lors que celui-ci grandit dans un cadre sécure et que d'autres figures d'attachements masculins et féminins graviteront autour de lui. Après avoir rencontré et eu connaissance de personnes qui vivaient dans cette situation d'homoparentalité, mes doutes sur mes capacités à être une bonne mère ont grandement diminué et j'ai acquis une confiance en moi, comme une revendication, que Nathalie et moi ne serions pas de moins mauvaises mères que des mères hétérosexuelles, nous n'avions pas non plus la prétention d'être meilleures. Nathalie l'avait d'ailleurs exprimé lors de l'entretien avec la psychologue du CPMA en Belgique (il était à l'époque obligatoire pour validation du dossier). Elle avait dit : « Nous ne pensons pas faire mieux que les autres, nous n'avons pas réponse à tout, mais nous ferons de notre mieux. » L'arrivée des enfants a aussi permis la réconciliation totale avec mes parents. Autant mon coming out avait été catastrophique autant ils nous ont soutenues de manière inconditionnelle tout au long du parcours pour avoir les enfants puis ils ont été des grands-parents exceptionnels, toujours à vouloir passer du temps de qualité avec leurs petits enfants en leur proposant de nombreuses activités stimulantes et en les couvrant d'affection.

Je pense que comme ma mère et comme ma grand-mère maternelle (à travers ce que ma tante m'a rapporté) j'ai voulu et je veux encore être une meilleure mère que la mienne. Ça semble horrible à dire, je ne considère pas ma mère comme une mauvaise mère, mais qu'elle, en raison de ses propres difficultés et de sa propre pathologie, a été défaillante envers moi sur certains points, heureusement compensés par tout ce qu'elle m'a apporté de positif en termes de résilience, d'empathie, d'amour et d'affection. Nous avons en commun toutes les trois, sur trois générations donc, de ne pas vouloir, de ne pas avoir voulu, faire subir à nos enfants ce que nous avons nous-mêmes subi. Avec une mauvaise estime de soi, comment avoir confiance en ses capacités à être un bon parent ? Ces derniers mois, avant et pendant ma dépression, j'ai souvent ressenti une incapacité à gérer mes enfants, j'étais vite dépassée, je pense, car je n'étais pas disponible émotionnellement pour eux. Malheureusement, ça a été le cas de ma propre mère, l'histoire se répète. Grâce au travail de thérapie j'ai petit à petit intégré que malgré ces similitudes ma situation est totalement différente de celle de ma mère et de ma grand-mère. Nous ne sommes pas les mêmes personnes, nous n'évoluons pas dans le même contexte social et historique et là où le dialogue et la parole ont cruellement manqué pour le cas de ma mère et de ma grand-mère, elle est enfin en place chez nous avec Jack et Anna. Nous nous efforçons depuis la grosse crise de couple que nous avons traversé l'été dernier de parler les choses, qu'il n'y ait pas de secrets et de non-dits dans notre famille. Les enfants ont tous les deux un espace de parole auprès d'un puis d'une psychologue et je suis moi-même suivie. Cela avait déjà été amorcé par ma mère elle-même suivie par un psychiatre depuis plus de trente ans, elle travaille donc sur elle-même depuis longtemps et son traitement médical (lithium) la stabilise. Le trouble bipolaire dont elle souffre semble être celui de type 2 donc moins handicapant que dans d'autres cas. Ça a quand même été lourd à porter pour moi depuis mon enfance…

J'ai du mal à me figurer que j'ai été très marquée dans ma petite enfance par un événement qui a duré quelques minutes. Je trouve dingue qu'un événement puisse changer le cours d'une vie. Ça m'interpelle. Je repense à un texte extrait du recueil de nouvelles ***les***

Dublinois de James Joyce, *Eveline*[8], sur lequel j'ai travaillé avec le fils de mon amie Valérie lorsque je l'aidais à préparer l'oral du bac d'anglais l'année dernière. Le personnage principal vit un moment d'épiphanie, un moment crucial de sa vie où tout peut basculer. Ce qui est intéressant dans ce texte c'est que l'histoire est racontée à la 3e personne du singulier, mais du point de vue d'Eveline elle-même. Nous sommes dans sa tête et suivons son monologue intérieur. C'est ce qu'on appelle en anglais « the stream of consciousness technique » (le flux de la conscience). Cette technique d'écriture était celle de Virginia Woolf également. J'adore le style naturaliste et moderniste de ces deux auteurs, mes auteurs favoris. Je me dis que ce n'est pas pour rien. Tout se recoupe, pas un hasard non plus que je me passionne tant pour les travaux de Sigmund Freud sur l'inconscient depuis le début de ma thérapie. Ce procédé d'écriture qui était expérimentée de la fin des années 1890 à 1939 était lié aux travaux de Freud.

Virginia Woolf dira d'ailleurs que l'écriture de son roman *Promenade au Phare*[9] a joué un véritable rôle de psychanalyse et sera son roman le plus autobiographique. Quels autres auteurs m'ont le plus touchée ? Ils ont tous été marqués par leur enfance. Je pourrais citer Dickens qui enfant était employé dans une usine de cirage à l'âge de douze ans, ce qui l'a beaucoup marqué. Il collait des étiquettes sur des boîtes dans un entrepôt sordide au bord de la Tamise. Son père était emprisonné, car il avait des dettes, d'où l'intérêt de l'auteur pour les prisons. Et les prisons à l'époque c'était isoler les prisonniers jusqu'à les conduire à la folie, pratique heureusement abandonnée. *Hard Times,* les temps difficiles,[10] il les a bien connus tout jeune.

Justement, la folie et l'isolement, revenons à Virginia Woolf, mon auteure favorite de tous les temps, dont la mère décède lorsqu'elle avait 13 ans et que l'on avait forcée à l'époque à la prendre dans ses bras et à l'embrasser pour lui dire au revoir alors qu'elle ne le voulait pas, ce qui l'a traumatisée à vie. Elle a déclaré que tout le monde

---

[8] *Dubliners*, *Eveline*, James Joyce, 1914

[9] *Promenade au Phare* (To the lighthouse) Virginia Woolf, 1927

[10] *Hard Times,* Charles Dickens, 1854

pleurait sauf elle. À l'époque, durant la période victorienne, il s'agissait de montrer les défunts pour dompter la mort et non de la cacher. On mourait plus jeunes, souvent entouré de sa famille et on ne cherchait pas à cacher les défunts de la vue des enfants jusqu'à leur inhumation. On les prenait même en photo dans des mises en scène macabres. J'ai découvert récemment en m'intéressant à ses mémoires que Virginia Woolf souffrait d'un trouble bipolaire sévère (appelé alors psychose maniaco-dépressive) et de schizophrénie. Lors de ses crises aiguës, elle entendait des voix et c'est d'ailleurs ce qui la poussera au suicide à l'âge de 49 ans en se jetant dans une rivière des roches dans les poches. Elle écrira peu avant : « the horror is back » et se sentait incapable de replonger. Je réalise maintenant pourquoi cette écrivaine m'a tant touchée lorsque je l'ai étudiée à la fac. De toutes les lectures que j'ai faites c'est elle qui m'a le plus parlé, comme si je retrouvais une familiarité dans l'hypersensibilité qui transpirait de son jeu d'écriture, le symbolisme, le souci du détail auquel la plupart ne feraient pas attention. J'ai totalement adoré *Mrs Dalloway*[11], 24 heures dans la vie d'une femme, et des années plus tard le livre *The Hours* de Michael Cunningham puis l'adaptation au cinéma avec Meryl Streep, Juliana Moore et Nicole Kidman. Toujours des vies de femmes sur trois générations. La bascule au bord de la folie, elle la décrira très bien à travers son personnage de Septimus Waren Smith.

Juin 2020

Mes rêves sont très présents à mon réveil et restent en moi une bonne partie de la journée. Il s'agit plus de sensations que de souvenirs qui subsistent. Qu'est-ce que je voyage, qu'est-ce que je marche dans mes rêves ! J'arpente des couloirs, souvent feutrés comme dans un hôtel, les lumières y sont tamisées. Également les couloirs d'établissements scolaires : collège, lycée et même faculté. Je parcours aussi des sentiers en pleine nature, des chemins, des ruelles, des escaliers et des rues de villes, je suis souvent à l'étranger. Je prends

[11] *Mrs Dalloway*, Virginia Woolf, 1925

le bus, l'autocar, ma voiture pour aller je ne sais où. Toujours à la recherche de quelque chose ou de quelqu'un : je cherche mes valises, ma voiture, une salle ou un bâtiment, je dois retrouver une personne. Certains objets et lieux reviennent de façon récurrente : des livres, des feuilles de papier, la voiture, la piscine.

J'ai parfois l'impression d'être Leopold Bloom dans *Ulysse* de James Joyce[12]. Huit cents pages relatant une seule journée : quelle œuvre magistrale ! Le style de Joyce ressemble justement au procédé du rêve : ce va-et-vient que l'auteur fait entre le monde réel et l'imaginaire. J'adore la manière dont il nous fait pénétrer les pensées profondes de ses personnages. Le côté désorganisé, désarticulé. Les mots, les sons, les bruits, les perceptions des personnages de cette journée à Dublin de juin 1904 sont présentés de manière fragmentaire et non de manière narrative. C'est un peu comme ça quand on s'abandonne au rêve, il me semble. Les personnages changent, les voies changent aussi. Joyce joue avec les mots. Ce que j'aime c'est que tout est dit par allusions et non directement. Ça me parle ça, décrypter l'implicite.

Ce qui m'intéresse aussi chez Joyce c'est le rapport au corps, il passe de l'organique au spirituel. Il écrit une fois lors de ses correspondances avec Frank Budgeon : « Mon livre est l'épopée du corps humain […] Si les personnages n'avaient pas de corps, ils n'auraient pas d'esprit. » Dans ses œuvres il y a comme une obsession de description du corporel. J'ai, depuis toujours, du mal avec le corps, le mien, ça va mieux, mais surtout le corps des autres. Mme Stein dit me concernant que c'est « soit pas de corps soit trop de corps. » Je passe d'un extrême à l'autre. Je me rends compte que je suis mal à l'aise en présence de corps partiellement dénudés comme à la piscine, surtout en présence d'hommes en maillots de bain de natation. J'ai une montée de stress ou du dégoût. Je sais maintenant à quoi c'est dû. Tout comme je comprends pourquoi je ne supporte pas de me retrouver dans une pièce exiguë, là aussi le stress monte et il faut que je sorte tout de suite, comme pour m'échapper. Idem quand je suis dans un endroit

[12] *Ulysse* (Ulysses), James Joyce, 1922

exigu où je ne peux pas passer, quand je me sens coincée sans possibilité de partir je dois sortir vite. Ça peut se produire quand on est plusieurs dans une petite chambre ou dernièrement dans notre petit local à vélo. Nath et moi y faisions du rangement et il était très encombré, on pouvait à peine marcher et lorsque la porte s'est refermée toute seule je me suis sentie mal. Enfin, lorsque la lumière baisse d'un coup dans une pièce c'est la même sensation de malaise. Ça peut sembler rien, mais quand je fais la vaisselle l'évier se trouve au coin de notre cuisine, j'ai un mur à ma gauche et si parfois Nath ouvre le placard en haut à droite devant moi elle se trouve dans le champ de la lumière de la porte-fenêtre qui donne sur le jardin et le mouvement d'ouvrir la porte du placard obscurcit progressivement le coin où je me trouve. Ça ne dure que quelques instants, je prends sur moi, mais c'est très pénible. Le dernier exemple qui me vient aussi est que je déteste quand quelqu'un me parle debout alors que je suis assise, je me sens petite et dominée, je pense… Bref, la liste commence à être longue, espérons que ça passera un jour…

En plus de certaines situations que j'essaie d'éviter, il y a longtemps eu des thèmes que je ne pouvais vraiment pas aborder. Il y a un an j'aidais Nathan le fils de mon amie Valérie une fois par semaine pour préparer son bac d'anglais. Comme il était en série L, il devait passer l'épreuve de LV1, mais aussi celle de LLLE (Langue et Littérature en Langue Étrangère). Un beau challenge pour moi, car j'ai dû me replonger dans l'étude de textes littéraires, mais aussi journalistiques et d'autres documents iconographiques qu'il devait présenter pour accompagner la problématique choisie selon le thème sur lequel il serait interrogé. J'ai réalisé que l'épreuve du bac avait bien évolué depuis mon époque où l'on se contentait d'apporter une liste de textes étudiés pendant l'année. Je trouve celle-ci bien plus pertinente et cela influencera même mes propres pratiques de classe sur le niveau 3e lorsque je travaillerai l'oral. Nathan n'était pas très motivé, il redoutait sûrement les épreuves donc j'ai fortement orienté le choix de ses textes et documents à présenter en fonction de ma propre sensibilité littéraire. L'une des œuvres que nous pouvions sélectionner était *Lolita* de Vladimir Nabokov,[13] mais je l'ai tout de suite écartée. C'est après la résurgence de mon souvenir d'enfance que je me dis que ce n'était pas anodin. Je repense à la période où, à la fac, je devais lire ce livre. Je me souviens que cette lecture avait été difficile, je ne la comprenais pas ou je ne voulais pas la comprendre. Je suis passée totalement à côté et je ne comprenais pas qu'une de mes amies s'extasie autant sur cette œuvre, ce chef-d'œuvre. Pas anodin non plus. Il y a certains sujets comme celui-là que je ne pouvais tout simplement pas aborder. Je ne pouvais pas m'y exposer. Idem au cinéma, je n'ai pas pu voir le film *Grâce à Dieu* de François Ozon, ni les *Chatouilles* d'Andréa Bescont et Eric Métayer, ni même le moindre téléfilm traitant d'abus comme *La consolation* de Flavie Flamant[14]. Je me revois à chaque fois me détourner et m'intéresser à autre chose. Je comprends maintenant pourquoi. Ce n'est que très récemment que j'ai pu les découvrir et encaisser la résonance en moi.

Je pense qu'il est important que je ne mette pas tous mes problèmes sur le dos de mon agression. J'ai compris qu'il n'y a jamais qu'une seule cause à un problème. Ce serait mieux, car ça désengagerait ma mère, mes parents, mais je pense que le trouble anxieux dont je souffre vient beaucoup du fait de ne pas avoir été sécurisée bébé et dans ma petite enfance. En quelque sorte, je ne suis pas équipée à la base pour me rassurer et calmer mon angoisse par moi-même comme la plupart des gens. J'ai aussi durablement souffert de solitude, ce qui est délétère. J'ai passé mon adolescence à nier mon homosexualité, ça me semblait juste impossible, dans la fin des années 80 et dans les années 1990 il n'y avait presqu'aucun exemple de personnalités visiblement « out » à part Elton John et difficile pour moi de m'identifier à lui. Aucun modèle positif, je me dis qu'aujourd'hui les jeunes ont de la chance car il y a de nombreuses personnes publiques auxquelles ils peuvent s'identifier. Le début de l'épidémie du SIDA a aussi tristement été associé aux gays, ça n'a pas aidé. Puis le PACS est

[13] Vladimir Nabokov, *Lolita*, Gallimard 1959
[14] Flavie Flamant, *La consolation*, JC Lattès 2016

passé par là, il a fallu les encaisser les discours abjects des antis dans les médias, mais les associations se sont mobilisées et l'opinion publique a évolué. Puis le vote du droit au mariage pour tous en mai 2013 a été une avancée considérable qui, pour notre part, a permis à Nath d'adopter nos enfants, d'avoir enfin un statut légal et de sécuriser notre famille. Nous avons la fierté de pouvoir dire que nous faisons partie des premières à nous marier en décembre 2013.

Le fait que mes parents n'aient pas pu me protéger à 5 ans a ancré comme un sentiment, une blessure d'abandon qui s'est violemment ravivée lors de mon coming out, mais aussi à diverses occasions comme lorsqu'ils ne me comprenaient pas et ne me soutenaient pas dans la grève par exemple. Beaucoup de personnes se sont senties abandonnées et incomprises par nos dirigeants et décrivent avoir ressenti un profond mal-être durant cette période. Pour moi ça avait encore une résonance plus profonde, ça, j'ai pu le comprendre grâce au travail de psychothérapie que j'ai entrepris.

De formation freudienne Mme Stein m'a vite proposé des séances d'inspiration analytique allongée sur son divan. J'ai parfois eu beaucoup de réticences à me placer dans cette position, mais elle n'est jamais loin, le fauteuil plutôt placé en retrait à côté de moi et non franchement derrière. Je comprends désormais que ces séances sont un vrai travail et il est parfois douloureux d'aller remuer le passé et remonter dans les méandres de son histoire personnelle et intime, mais le bienfait que j'en tire est immense. Dès notre première séance, lorsque j'avais évoqué mon besoin d'écrire et ma correspondance avec Cécile puis Valérie, Mme Stein m'avait dit que cela lui faisait penser à la correspondance entre Sigmund Freud et Wilhem Fliess[15] qu'il considérait comme son alter ego. Le célèbre psychanalyste était nommé d'entrée et elle y fera souvent référence. Flattée et intriguée par la comparaison, je m'étais empressée de commander ce recueil de 163 lettres (uniquement celles de Freud ont été retrouvées) pour le lire. La partie théorique n'était pas facile à suivre, mais je me retrouverai dans son besoin d'écrire et de voir son ami et collègue pour des

[15] Sigmund Freud, *Lettres à Wilhem Fliess 1887-1904*, Puff, 3e édition 2015

discussions interminables, mais aussi de lui exprimer sa passion pour son métier et ses recherches. Pendant près de 17 années entre 1887 et 1904, il lui fait en effet partager les théories qu'il élabore. La bisexualité psychique est celle qui m'intéresse en premier. Freud est également l'un des premiers de son temps à affirmer que l'homosexualité ne constitue pas un crime et pour moi c'est énorme. Ensuite je m'intéresserai à sa théorie de l'appareil psychique. Je mettrai beaucoup de temps à comprendre (c'était un vrai mécanisme de résistance de ma part) le concept de refoulement : le fait qu'un événement puisse être rejeté dans l'inconscient, un événement dont on ne veut rien savoir et que l'on cherche à oublier. Je n'ai intégré ce concept que tout récemment grâce à des lectures sur la question. C'est comme s'il fallait que je lise noir sur blanc que le processus que j'ai vécu existe bien, que des médecins et des psychanalystes l'ont observé, c'est même le but de leurs thérapies. Désormais, grâce au travail de fouille de mon passé (j'adore le parallèle avec l'archéologie) je le comprends et j'y adhère totalement. La sexualité infantile est également un concept que Mme Stein évoque très vite au début de nos séances et j'ai aussi mis du temps pour comprendre. Pour Freud la sexualité a une place fondamentale et elle détermine la vie psychique. Enfin, sa théorie de la séduction, expliquée dans la première des cinq leçons de psychanalyse après son observation du docteur viennois Joseph Breuer : la cause de l'hystérie serait due à un événement à chercher dans l'enfance dont la patiente (ils traitaient surtout des femmes) a perdu le souvenir. Au départ, selon Freud, à l'origine de toute névrose il y aurait un traumatisme réel d'ordre sexuel tel un viol ou des attouchements. Il y renoncera pour la théorie du fantasme (le traumatisme serait fantasmé par l'analysant), mais il se questionnera beaucoup sur lui-même et il est très probable qu'il ait subi des agressions sexuelles de la part de son propre père.

Pour ma part, je pense que les difficultés sociales et les pathologies adultes viennent plus largement de violences subies dans l'enfance. Le terme ACE (Adverse Childhood Experiences) en anglais est très clair, je trouve. Il est aussi le nom d'un programme de recherches mené entre

1995 et 1997 par le réseau de soins Kaiser Permanente, en Californie, aux États-Unis. Ces expériences négatives de l'enfance comprennent les violences, les abus et la négligence (physiques et psychologiques). Enfin, avec le travail que j'accomplis sur moi-même, je suis convaincue que l'homme est déterminé par des forces qui lui échappent. Je crois que les rêves, les lapsus, les oublis et les actes manqués ont une signification. La première fois que j'ai « amené un rêve en séance » comme m'y avait invitée Mme Stein, ça m'a fait tout drôle de dévoiler l'incongruité ou le ridicule de son contenu manifeste, de lui rapporter les fragments décousus qui me restaient en mémoire. J'ai pris l'habitude de les noter dans mes cahiers d'ailleurs et je trouve passionnant de les décrypter toutes les deux. Parfois c'est un mystère, mais parfois je vois clairement ce que mon inconscient laisse passer. Justement, un rêve me revient en tête, je l'ai fait au début de ma dépression quelques semaines avant mon voyage au Portugal et en y repensant il était annonciateur du processus qui allait se jouer en moi, le signe que j'étais prête à voir les choses en face (« To thine own self be true »).

J'étais dans un autocar avec mes amies et des collègues. Nous partions en voyage au Portugal et je comprenais parfaitement le portugais. Tout à coup, le conducteur a dû s'arrêter, car le pare-brise du car a commencé à se fissurer. Le processus était extrêmement lent, les fissures se sont propagées tout doucement jusqu'à recouvrir le pare-brise de part et d'autre et jusque dans les moindres recoins et le craqueler entièrement. Il est évident qu'il allait s'effondrer. Puis une partie du toit s'est décollée, détachée, très lentement aussi, il s'agissait d'une dalle carrée légère, celle juste au-dessus du siège où je me trouvais. Elle est tombée sur ma tête comme au ralenti et je n'ai rien ressenti. C'était le signe que tout allait s'écrouler (dans l'autocar et dans ma vie). Nous sommes tous sortis et je suis allée chercher mes affaires (elles n'étaient pas dans le coffre du car, mais dans un vestiaire situé un peu plus loin.) J'ai vite récupéré un t-shirt, une casquette et une paire de chaussures de sport. Lorsque je suis revenue au car j'ai constaté qu'un de mes collègues m'attendait. Il m'a adressé un sourire très bienveillant, il a ouvert la fermeture éclair d'un sac démesurément grand posé par terre et m'a dit de mettre mon sac à dos dedans avec ceux des autres. C'est là que j'ai vu que tout le groupe m'avait attendue, je n'étais pas seule et nous avons poursuivi ensemble à pied.

En analysant le rêve en séance, j'ai pu dire ce qu'il m'évoquait. Je voyais la symbolisation de ma dépression dans le pare-brise fissuré et déjà mon désir de réconciliation avec les hommes ainsi que celui de vouloir sans cesse être intégrée à un groupe et non mise à l'écart. Mme Stein, elle, voyait la fissure du pare-brise comme « un écran qui tombe ». C'était ça en effet. J'étais prête à encaisser ce qui allait me tomber sur la tête, car j'étais enfin bien entourée. La tenue de sport, les chaussures, le fait de poursuivre à pied étaient mon désir de me remettre en mouvement, même lentement, au lieu de rester dans ma torpeur prostrée sur un lit à ne rien pouvoir faire… Enfin, je laisserai le soin au lecteur averti, rompu à l'analyse des rêves, de voir le contenu sexuel représenté dans les deux sacs…

Je suis soulagée maintenant que je connais mieux mon histoire, je sais mieux qui je suis, je me sens apaisée et comme réconciliée avec moi-même, je suis enfin mieux dans ma tête et dans mon corps, en phase avec moi-même. Bien sûr l'angoisse est encore là parfois, surtout la nuit, il faudra encore faire avec, mais je sais que je saurai désormais gérer. Je suis malheureusement habituée aux insomnies qui sont apparues à ma première grossesse. Pour m'apaiser après des réveils soudains vers 2 ou 3 heures du matin je prends un anxiolytique et j'écoute désormais des podcasts. Généralement, des conférences sur toute sorte de sujets intéressants, mais la voix du locuteur doit être lente et rassurante. Je me concentre pour écouter attentivement puis je finis par me rendormir.

Partie VII
Réconciliations

« Ce ne sont ni la parole parlée ni la parole écrite qui permettent la résilience – parfois même, au contraire, elle invite à la rumination amère ; c'est la parole remaniée qui s'adresse à l'ami invisible, au lecteur parfait qui saura nous comprendre et nous réintégrer dans l'humanité dont nous avons été chassés par le traumatisme. » Boris Cyrulnik, *Résilience*[16].

L'amnésie jusqu'à l'adolescence m'a permis de reprendre un fonctionnement quasiment normal. Je n'ai aucun mérite, car l'environnement dans lequel je baignais m'a portée. Très tôt j'ai été capable d'apprécier la beauté de la nature qui m'entourait. Je me souviens, dans la nouvelle maison de Champ-Borne, me lever pour ouvrir avec hâte le volet de ma chambre qui donnait sur un immense champ de canne à sucre et l'admirer. Le soleil éclatant me donnait de l'énergie et je prenais le temps de regarder les cannes se courber, car ça soufflait souvent sur « l'île sous le vent ». Ça me remplissait et je descendais ensuite les escaliers à toute vitesse pour aller vaquer à mes occupations. Je n'ai pas le souvenir de ne m'être jamais ennuyée enfant et j'ai le souvenir d'une grande liberté. Le fond de notre jardin bordait une route où les voitures roulaient vite. De l'autre côté de la route des Vacoas (pandanus) et un escarpement menant à l'océan où de grosses vagues se fracassaient. On ne se baignait pas de ce côté de l'île, car les plages (ce n'en était pas vraiment) étaient en galets, de gros galets gris. On nous disait qu'il y avait des requins de ce côté. Nous avons quand même tenté à une occasion : mon père, un ami à lui, Edouard et moi, nous tenant tous les quatre main dans la main, quelques minutes seulement, nous avions juste les pieds dans l'eau et avions été trempés par les vagues énormes. Je me souviens avoir ressenti la puissance de l'océan et personne n'avait voulu s'attarder vu

[16] Boris Cyrulnik, *La résilience,* Le bord de l'Eau, 2009

le risque. Nous n'avons jamais retenté l'expérience par la suite, mais l'excitation en valait la peine et nous étions fiers de nous. Quand je repense à cette prise de risque mesurée de la part de mon père : il me l'a transmis ce goût pour la montée d'adrénaline, le défi de réussir un challenge. Je ne sais même pas comment nous étions descendus, car c'était très pentu pour mes petites jambes. Un peu plus loin, à une centaine de mètres sur la droite se trouvaient les ruines d'une église (on l'appelait « la vieille église ») dont le toit avait justement été emporté par un raz de marée dans les années cinquante. Notre petite allée était, elle, sécurisée, car très peu de voitures s'y engouffraient. Deux maisons modernes d'un côté et nos voisins de gauche qui, en revanche, habitaient une case créole en tôle très rudimentaire et ont mis très longtemps avant de pouvoir acheter une voiture. Au-delà de leur maison un sentier bordé de cannes à sucre, mais nous n'y allions jamais, car il était étroit et les cannes hautes. Nos terrains de jeux étaient donc l'allée pour y faire du vélo, ramasser des badamiers sous l'arbre du même nom, notre jardin, le portique acheté d'occasion où nous faisions de la balançoire et des acrobaties, l'arbre où j'aimais grimper pieds nus et me percher pour prendre de la hauteur et la piscine. Le sentiment de liberté venait d'être toute l'année en plein air, de porter peu de vêtements et presque pas de chaussures. Encore aujourd'hui la sensation d'être pieds nus me procure du bien-être, quand je marche directement par terre ou dans l'herbe c'est un bonheur immense de me sentir en contact avec le sol, sûrement une façon de rester connectée, je pense. La piscine, les baignades quotidiennes ont joué un grand rôle bénéfique également, je pense, car nous en avons passé du temps dans l'eau avec mes frères et les copains, copines. La nage a un effet apaisant et peut-être rassurant, comme un retour à la vie amniotique sans parler de l'effet purificateur de l'eau. Plus tard, ado, j'ai développé une obsession de me laver les mains tout le temps. Je ne voulais par exemple pas toucher le pichet d'eau après mes frères à table. Inutile de dire que tout le monde trouvait cela ridicule. Puis, à partir de ma première grossesse je dirais, j'ai développé une obsession d'être propre avant de sortir de chez moi, avant de voir des amis, d'aller à un rendez-vous, de me rendre à une réunion. Encore maintenant je repasse toujours chez moi me doucher quand je peux, même si je l'ai déjà fait quelques heures avant. Je me douchais même avant mes séances de Crossfit ! Toujours par peur de sentir mauvais, d'être déplaisante aux autres. Avant de partir travailler le matin, je mets plusieurs fois du déodorant. Quand il fait chaud en été, j'en ai parfois dans mon sac.

Ce qui m'a sauvée c'est que nous avons déménagé. J'ai vécu dans un cocon familial très protecteur (trop par la suite). Mes parents étaient tout pour moi. Je leur vouais une admiration sans bornes et ces années à La Réunion ont, une fois le trauma passé, aussi été les plus insouciantes de ma vie. Mes parents étaient très appréciés et j'ai entendu je ne sais combien de fois : « Ah tu es la fille de Kate et Hans ! » avec intérêt. Ma mère était très douce, très affectueuse avec ses enfants, pleine de surprises, et avait un grand sens de l'humour. Je me rends compte maintenant que c'était sa façon à elle de lutter contre ses propres démons. Elle était très inventive et apportait beaucoup de fantaisie à notre quotidien. Je me souviens qu'elle venait nous chercher à la sortie de l'école. Il y avait eu cette fois où à peine la voiture garée elle avait utilisé cette expression anglaise (nous ne parlions qu'anglais à la maison) pour nous lancer un défi : « The last one in the pool is a raspberry ! » Mes frères et moi étions montés à toute vitesse dans nos chambres mettre nos maillots de bain et là nous avions entendu un énorme plouf : elle avait sauté dans la piscine tout habillée !

Une autre fois, encore au retour de l'école, elle nous avait dit que nous allions faire un pique-nique pour le goûter. Nous avions alors pensé que nous irions quelque part et là elle nous avait montré un coin du jardin où elle avait installé par terre une nappe, des gobelets et assiettes en plastique : une surprise totale et simple qui nous avait émerveillés ! Enfin, un jour où mon père n'était pas là, elle nous avait dit que nous allions aller adopter un chiot. Elle avait découpé l'annonce dans le journal, il fallait se rendre de l'autre côté de l'île. Edouard avait tout de suite dit que mon père ne serait pas d'accord, mais d'un grand sourire elle avait répondu de ne pas s'inquiéter, qu'il accepterait. Elle avait conduit, nous avions eu un petit accrochage dans un virage avec une autre voiture, la tôle à peine rayée, mais cela avait inquiété encore plus mon frère avant d'arriver chez la famille et de craquer sur un magnifique petit chiot blanc et marron. Au retour de mon père, en effet, il était incapable d'en vouloir à ma mère ni pour le chiot ni pour la voiture tellement il l'aimait. Leur amour nous éclatait aux yeux tous les jours, il y avait beaucoup de gestes tendres entre eux. Mon père n'était pas démonstratif envers nous, mais très présent et attentif à nous montrer le monde qui nous entourait. Ma mère nous transmettait sa culture anglaise et était beaucoup dans le jeu. Elle était souvent à nous tenir par la main ou nous embrasser, très protectrice.

Mon père était hyperactif, je l'ai rarement vu se détendre dans une chaise longue : il bricolait toujours, entretenait le jardin, la piscine, a construit lui-même un garage, une table de pique-nique avec un toit pour nous protéger du soleil brûlant, a construit une véranda (varangue), une petite cabane dans le jardin, un portique pour nous… Tout ce qu'il aurait rêvé d'avoir enfant, je pense. Il était également très sportif (il l'est toujours) : beaucoup de cyclisme, des courses régulièrement et même des cyclo-cross. Il avait toujours une sortie à proposer le week-end, nous partions explorer l'île et faisions régulièrement des promenades puis randonnées en montagne en fonction de notre âge. Avec le recul je vois également que sa façon d'être toujours dans l'action était un moyen de ne pas trop cogiter. Son côté hyper organisé et ordonné un moyen de rester dans l'hyper contrôle de sa vie et non pas de la subir. Je me rends maintenant compte de tous les mécanismes que mes parents avaient mis en place inconsciemment tout simplement parce que j'ai les mêmes, j'ai pris un peu de chacun d'eux.

Je pense que l'environnement sécure dans lequel j'ai évolué m'a préservée durant l'enfance. La fratrie aussi, le fait que nous soyons trois enfants. Quand je regarde mes propres enfants jouer, je réalise avec émerveillement à quel point les enfants ont cette capacité, à travers les jeux et les histoires dans lesquels ils se mettent en scène, à transformer, à remodeler la réalité afin qu'elle leur soit plus plaisante et plus favorable. Quand on joue, on joue très souvent à être plus grand, plus fort, à copier les adultes. C'est formidable quand on y pense. C'est d'ailleurs ce que nous ferons par la suite toute notre vie : adultes on transforme la réalité parfois trop dure ou qui ne satisfait pas tous nos désirs, dans les rêves qu'ils soient nocturnes, diurnes ou à travers nos fantasmes. Cette pulsion d'insatisfaction ne nous quittera jamais, sauf si on nage dans un bonheur total sans l'ombre d'un nuage… mais ça existe ça ? Et serait-ce souhaitable ? Bien que défaillants pour répondre à mes angoisses et me permettre de les exprimer, mes parents m'ont offert une éducation avec de vraies valeurs, un cadre, ils ont subvenu à mes besoins matériels. Hormis dans la gestion de mes émotions, je n'ai pas été livrée à moi-même. Je repense à Marco et Lucie qui ont grandi dans une famille d'accueil et je me dis que pour des enfants placés, dont les parents sont violents et qui ne sont pas bien pris en charge, la situation est dramatique, tout peut leur arriver. Entourons-nous assez les enfants ? Cette question de la protection de l'enfance est tout le temps présente en moi. Je vois, de par mon métier, à quel point certains élèves sont seuls, l'institution elle-même est défaillante à fournir suffisamment de personnels formés à accompagner les enfants et adolescents au fil de leur scolarité. Nous manquons d'infirmières, d'assistantes sociales, de liens avec des psychologues, de médecins scolaires, de surveillants, de CPE. Comment se fait-il qu'il n'y ait pas légion de personnels pour venir en soutien des équipes enseignantes ? N'y gagnerions-nous pas à investir massivement dans l'enfance et l'éducation plutôt que de payer la note en frais médicaux quand toute sorte de pathologies vont se développer à l'âge adulte parce qu'on n'a pas agi assez tôt ? Les efforts de notre pays, l'un des plus riches au monde, sont-ils suffisants en termes d'aide et de protection à l'enfance ? Y a-t-il assez d'éducateurs pour prendre le relais de parents qui n'y arrivent pas, empêtrés eux-mêmes dans leurs propres difficultés parce qu'ils n'ont pas de sécurité financière pour boucler leurs fins de mois ou vivent dans un logement insalubre ? Qui prend le relais pour les enfants dans ce cas-là ? Les solutions doivent être collectives, un enfant ou un adulte ne devrait jamais se retrouver seul avec ses difficultés. Nous le constatons tout le temps au collège : les élèves décrocheurs sont malheureusement dans des situations personnelles compliquées, ce sont ces élèves qui sont les plus susceptibles de mal tourner, ce sont les plus manipulables et les plus influençables. L'école doit être un sanctuaire qui les préserve et leur fournit le cadre dont ils manquent parfois. C'est aussi à l'école que l'on acquiert des compétences sociales indispensables. La pédagogie coopérative va dans ce sens : donner les moyens aux jeunes de trouver collectivement des réponses à un problème, aider et se faire aider. Ne pas rester seul face à une difficulté, être autonome pour s'organiser dans une tâche et savoir où trouver l'aide nécessaire. Rousseau dans son traité *Emile ou de l'Éducation*[17] nous dit très justement : « un homme abandonné dès sa naissance à lui-même parmi les autres serait le plus défiguré de tous. [...] Il serait comme un arbrisseau que le hasard fait naître au milieu d'un chemin, et que les passants font bientôt périr, en le heurtant de toutes parts et le pliant dans tous les sens. [...] On façonne les plantes par la culture, et les hommes par l'éducation. » Nous en avons plein des petits arbrisseaux.

Durant mon enfance j'ai remis en jeu l'agression aussi un ou deux ans plus tard je dirais. Bien sûr il me faut regarder cela en face. Jusqu'à il y a très peu de temps, je culpabilisais de ça et me posais encore cette question : me suis-je transformée en agresseur moi-même ? La réponse est non. Je ne peux pas comparer les quelques attouchements très brefs dans la cabane que mon père avait construite dans le jardin de derrière avec deux garçons à peine âgés de 2 ou 3 ans de plus que moi, les fils d'amis à nous que nous voyions de temps à autre, avec celui que j'ai subi de la part d'un adolescent pubère. C'est moi qui avais initié le jeu, on avait baissé nos maillots pour mettre nos parties intimes en contact puis on était repartis en courant se jeter dans la piscine. Quand mon souvenir traumatique est remonté en mars, je me suis inquiétée d'avoir fait ça, il me semble pourtant évident maintenant que ça n'avait rien de comparable, j'étais déjà en train d'essayer de

---

[17] Jean-Jacques Rousseau, *Emile ou de l'Éducation, 1762*

remanier l'agression pour en atténuer l'impact, je transformais mon agression en un jeu de gamins.

Je me souviens aussi d'avoir rabaissé mon nouveau voisin et camarade de jeu, Ringo, lorsque nous avions emménagé dans la nouvelle maison de Champ-Borne. Qu'est-ce qu'on s'amusait ensemble, mais étant plus âgée que lui d'un an, j'ai eu ce besoin de reproduire sur lui ce qu'on m'avait fait, je crois. Je me souviens nettement de ce jour où je lui avais lancé en créole :

Ou donne à moin l'arzen quand ou reviens hein ? Ringo avait fait oui de la tête.

Pas les pièces jaunes, un franc, deux francs mi veux !

La maman de Ringo l'avait envoyé au bazar faire quelques achats et je lui avais intimé de me rapporter de la monnaie, quand j'y repense c'était du racket. Combien de fois cela s'est-il produit ? Une ou deux fois tout au plus, mais je n'en suis pas fière. Une autre fois alors que nous jouions dans notre jardin, en passant devant la chambre de mes parents on a entrevu leur lustre par la fenêtre, il se trouvait qu'il était brillant et je lui avais dit : *Ou l'a vu, nous lé riches !* J'avais ce besoin de le rabaisser, comme j'avais été rabaissée moi. C'était injuste. Je ne pense pas que ça ait duré, nous sommes devenus très proches et des années plus tard lorsque je suis retournée en voyage à la Réunion, je l'ai revu. Il m'a présenté ses nouveaux amis et sa famille m'avait hébergée. Ils avaient été relogés dans des logements sociaux, une petite maison toute moderne et confortable, mais la mère de Ringo m'avait confié que sa case lui manquait… Justement cette case créole au toit en tôle où ils n'avaient pas l'eau chaude, mais se lavaient à l'extérieur dans un bac à pêcheurs, un petit abri avec juste de la tôle au-dessus et de part et d'autre pour abriter un peu. La cour où couraient librement des poules et des poussins. Je revois sa maman assise en train de trier les grains de riz patiemment, un tamis en bois sur ses genoux, pour en enlever les noirs. Je revois la toute petite case avec une petite table et une cuisine rudimentaire dans l'entrée puis l'unique pièce à vivre où toute la famille dormait. Le toit était tellement bas de ce côté-là qu'on ne pouvait pas y tenir debout. Je me souviens qu'ils m'avaient invitée dans cette « chambre » où ils étaient fiers d'avoir une télé et nous avions regardé ensemble les Cités d'Or. Je la lui enviais moi sa case, mais je ne pense pas qu'il le savait.

Après l'amnésie est venu le déni. Avec l'adolescence la blessure a commencé à être ravivée et il a fallu la tenir au loin. Le souvenir traumatique m'est revenu de très loin et très vaguement lorsque j'avais environ 15 ans et que Andréa et ses parents sont venus nous rendre visite en Métropole puis quelques mois plus tard à l'occasion de quelques jours de vacances dans leur appartement prêté dans les Pyrénées, sûrement à la vue des photos de sa sœur Annie j'ai repensé à ce garçon (toujours pas d'images de son visage, mais juste une sensation et beaucoup de flou, une sensation d'être coincée au coin d'une pièce), mais je n'ai pas pensé à moi, j'ai pensé à elle, Annie, en me disant : « La pauvre, il a dû lui faire pire qu'à moi. » *And I felt for her* comme on dit en anglais. J'ai ressenti une émotion, de la peine *pour elle*. Ce n'étaient alors pas des souvenirs en images, ni encore moins en paroles comme en mars dernier, mais une vague pensée que j'ai refoulée loin, très loin au fond de moi. Mais cela n'a pas suffi pas, il fallait que ça remonte à la surface trente années plus tard. L'image d'un bocal est ce que je trouve de plus parlant pour expliquer ce qui s'est passé. Un bocal qui n'aurait pas trop bougé, posé sur une étagère pendant des décennies et dans lequel des sédiments se seraient déposés petit à petit, au fil des années, jusqu'à se coller au fond. Il faut que le bocal ait reçu de nombreux chocs et ait été secoué, retourné dans tous les sens pour que ce qui était au fond remonte à la surface. Avec ma dépression mes défenses étaient aussi considérablement affaiblies. Mes difficultés ont vraiment commencé à devenir handicapantes quand mon fils a eu l'âge que j'avais au moment des faits, puis de nouveau et à leur apogée quand ma fille a approché des 5 ans. Et puis le bon moment est venu, car tout était en place autour de moi : mon couple était sauvé, ma femme, deux médecins et une psychologue clinicienne qui me suivaient de près, j'étais prête.

Aujourd'hui je suis réconciliée avec mon métier que je ne pensais plus pouvoir exercer tellement j'étais arrivée à bout. Quand je repense au challenge qui s'est présenté à moi il y a deux ans avec le concours de l'innovation je pense à cette citation de Winston Churchill que j'aime beaucoup : « Un pessimiste voit la difficulté dans chaque opportunité, un optimiste voit l'opportunité dans chaque difficulté. » Je me vois comme quelqu'un d'optimiste ! Lorsque notre principale adjointe de l'époque recherchait des volontaires pour monter un projet de pédagogie innovante j'ai tout de suite été intéressée. Elle voulait un représentant des professeurs pour assister à la première réunion d'information au Conseil Départemental, je me suis portée volontaire car il n'y avait pas beaucoup de motivés un mercredi après-midi, me disant que ça ne m'engageait à rien. La barre était haute, nous nous sommes retrouvés avec de nombreux chefs d'établissements, professeurs, membres de la DANE (Délégation Académique au Numérique Éducatif), mais aussi de la DSDEN (Direction des Services Départementaux de l'Éducation Nationale) dans une immense salle. Chaque table était équipée d'un micro, on avait l'impression d'être à l'ONU, ça me semblait impossible, mais il fallait que je le fasse, c'était bel et bien ma revanche. Ce projet et l'investissement démesuré dont j'ai fait preuve auront précipité ma chute, mais il m'aura aussi permis d'aller au bout de mes limites et d'accomplir un travail collaboratif dont je suis très fière. Si je n'étais jamais tombée aussi bas, je n'aurais jamais été aussi loin dans mon travail de psychothérapie.

C'est au bout d'un an que le transfert avec Mme Stein est devenu très fort je dirais. Il s'agit du fait de projeter des émotions, des sentiments, des désirs, des affects sur son psy. On reproduit en fait avec son thérapeute le mode de fonctionnement inconscient qu'on a avec son entourage, celui mis en place depuis la petite enfance. Ceci se produit aussi dans la vie de tous les jours, je trouve. Par exemple dans ma relation avec mes divers chefs d'établissement, je comprends maintenant que je rejouais, je remaniais clairement la relation avec mes parents et notamment avec ma mère. Dès son observation du travail du professeur Charcot lors d'un stage à la Salpêtrière en 1885, Freud avait remarqué que la relation entre le médecin et ses patientes (des femmes victimes d'hystérie) ressemblait à une histoire d'amour. Cet « amour de transfert » entre l'analyste et son patient, je le comprendrai grâce à un article lu sur la question, est provoqué par la situation analytique elle-même. Mais même si l'on sait ça c'est toujours très troublant je trouve !

Connaître son histoire, revisiter mon passé, je l'ai fait à travers ma mémoire et je le fais en psychothérapie, mais j'ai aussi dans la tête des projets pour le futur. Des projets de voyage dont le premier sera vers l'île de la Réunion, vers laquelle je semble inexorablement ramenée. J'aimerais retourner sur les lieux de mon enfance, sûrement un peu par espoir que les souvenirs refassent entièrement surface là-bas, mais aussi pour vivre l'île différemment, avec mon regard d'adulte et avec mes expériences de vie. Il s'est passé beaucoup de choses depuis ma dernière visite en 1997. Maintenant que j'ai la sensation de pouvoir enfin être moi-même, je pourrai en profiter totalement. L'idée d'y retourner et de ne pas y trouver Maria me déchire le cœur, j'ai du mal à concevoir que je ne la reverrai plus jamais. Alors je me raccroche à nos souvenirs, ils ne disparaîtront jamais eux. Et puis Maria a laissé derrière elle une famille nombreuse et des enfants remarquables qui ont tous réussi brillamment. Quel parcours, elle devait être si fière de ses six enfants ! Je suis impatiente de retrouver Roland et Marine. J'ai encore plusieurs contacts sur l'île dont certains remontent à l'école maternelle. Je suis fière de les connaître et fière de leurs parcours. Certains sont partis en Métropole y faire des études, mais la plupart sont revenus, ils peuvent être fiers de cela, car l'exil de nombreux jeunes réunionnais est regrettable, car ce n'est souvent pas par choix, mais par manque de possibilités d'évolution sur place.

Pour m'être beaucoup plongée dans l'histoire de l'île de la Réunion ces derniers mois, je voudrais découvrir l'île autrement, loin de l'image de la carte postale de mes deux précédents voyages. Justement, l'importance de connaître son histoire est primordiale pour les Réunionnais ; or beaucoup ne la connaissent pas ou en ont même honte. Des associations militent désormais pour faire connaître cette histoire qui est restée longtemps taboue, trop difficile à raconter à cause de la blessure de l'esclavage entre autres. Comment les Réunionnais peuvent-ils être eux-mêmes si une partie de leur identité est niée ? Ça me parle ça. Je me souviens de ce camarade de classe de maternelle, puis qui m'a accompagnée toutes mes années primaires, dont la mère, métro, avait épousé un réunionnais et s'était installée sur l'île depuis avant sa naissance. Il m'avait dit un jour que sa mère ne voulait pas qu'il parle créole (ce que nous faisions pourtant… et lui mieux que moi !) parce que selon elle ça l'empêcherait de bien apprendre le français. Je m'amuse en repensant en effet aux libertés que se prend le créole vis-à-vis de la grammaire française ! Ce qui m'avait le plus surprise c'est que le genre des mots change, ils sont presque tous masculins. Les déterminants possessifs sont suivis d'un article, mon voisin parlait de sa maison en disant : *« mon la case », « mi sava rentre mon la case » :* je rentre chez moi. Les pronoms personnels tu et vous deviennent *ou*, plus pratique. Je t'aime : *mi aime à ou…*on peut comprendre le point de vue de la mère de ce copain qui tenait à ce que son fils maîtrise un français grammaticalement correct, c'est tout à son honneur, mais est-ce incompatible avec le fait de parler créole ? Il est bien connu que des enfants très jeunes peuvent apprendre deux langues en même temps sans aucun problème. J'ai souvent senti de la part des métros un certain dénigrement du créole, peut-être était-ce son cas. D'ailleurs à la Réunion, dans les administrations, à l'école ou dans les médias, le français est la langue principale. Jamais une seule fois à l'école pendant ma scolarité maternelle et élémentaire de 1980 à 1986 le créole ni la culture créole n'ont été évoqués, ni même l'histoire de l'île dans son contexte colonial. La statue de Mahé de la Bourdonnais trône sur l'esplanade du Barachois à Saint-Denis, mais cet homme n'est-il pas le représentant de l'oppression coloniale ? J'ai eu connaissance dernièrement de réunionnais très engagés à travers des associations, mais aussi par la culture, notamment la musique (le Maloya), qui œuvrent pour réhabiliter le créole et la culture créole, mais il semblerait que dans les écoles élémentaires et dans le secondaire ce soit encore au bon vouloir des enseignants et ce n'est souvent que lorsque les jeunes accèdent à des études supérieures (s'ils ont cette chance) qu'ils découvrent leur histoire.

En écoutant des témoignages d'enseignants et de principaux, j'ai appris ce dont je me doutais : certaines familles n'ont pas assez pour se permettre de payer la cantine. Je me souviens d'y avoir mangé ponctuellement quand j'étais à l'école primaire et d'avoir été frappée de voir certains de mes camarades ramener des yaourts à la maison quand il y en avait en dessert. Ils en demandaient en rab et en emportaient 3 ou 4 en plus. Un produit de luxe donc. Chez nous nous avions des yaourts, mais aussi des glaces. Parlons-en du prix des yaourts, ils sont si chers, je m'en étais aperçue lors de mon dernier voyage avec Nathalie cette fois. Il y a pourtant tout ce qu'il faut pour les fabriquer sur place, non ? Depuis le départ, les colonies devaient produire seulement des matières premières qui étaient transformées sur le continent puis revendues plus cher ! Les métros qui s'installent sur l'île ont une prime de vie chère, mais les créoles non ! Pourquoi n'y auraient-ils pas droit ?

Qu'est-ce qui a été à l'œuvre avec la remontée de mon souvenir d'enfance ? Qu'est-ce qui est à l'œuvre dans le travail de mes rêves depuis des mois ? Quel a été le sens de mes comportements de ces deux dernières années ? J'y ai beaucoup réfléchi et la réponse est justement dans plusieurs de mes rêves. Je pense que le temps de la réconciliation est venu, la réconciliation avec les hommes. Le temps est venu de regarder en face ce qui s'est passé, de le digérer et de l'accepter pour continuer à avancer de manière sereine. J'ai passé tellement de temps à jalouser les garçons, y compris mes propres frères, mes camarades de classe, les petits amis de mes copines, mes collègues hommes… je n'ai jamais pu nouer d'amitiés masculines et j'ai parfois détesté les hommes, certains hommes. Le temps est aussi venu de me réconcilier avec moi-même, c'est d'ailleurs la première étape. Je dois cesser de culpabiliser de ne pas avoir fait ceci ou cela, de ne pas être à la hauteur de tel ou tel défi. Je ne suis plus l'enfant qui est trop petite, qui ne convient pas, je peux enfin être fière de moi. Je porte un regard beaucoup plus indulgent envers moi-même et je me dis que peu importe le traumatisme, l'important est ce que j'ai réussi à en faire. Mon couple a tenu le choc et mes enfants sont beaucoup plus apaisés, l'équilibre familial est revenu, mes relations avec les autres se sont nettement améliorées ces derniers mois à commencer par ma relation avec mes propres parents. Depuis l'oral pour décrocher le prix de l'innovation, ma parole s'est libérée ou je dirais plutôt que *j'ai pris la parole* pour ne plus jamais la rendre et plus rien ne semble pouvoir l'arrêter que ce soit à l'écrit ou à l'oral. Dire, raconter les choses qui nous sont arrivées c'est les éprouver à nouveau, mais d'une manière différente. Les événements significatifs sur lesquels j'ai réussi à revenir à travers ce récit me permettent d'arriver à une histoire cohérente, qui fait sens : mon histoire. Ce sens et cette compréhension de tout ce qui m'est arrivé me permettent enfin d'être moi-même. Peut-être est-ce ce que Boris Cyrulnik appelle « une réconciliation entre les deux parties du moi divisé. Le Moi socialement accepté tolère enfin le moi secret non racontable. […] Dès l'instant où je redeviens entier, en disant simplement ce qui m'est arrivé, je me pose moi-même face à l'autre. J'entre en relation totale. Je ne suis plus divisé en une partie claire et une autre fantomatique. » Boris Cyrulnik, *Un merveilleux Malheur*[18].

Alain de Mijola avait hésité à donner le titre « Les Autres en Nous » à son essai de psychanalyse paru en 1981. Il choisira finalement *Les Visiteurs du Moi*. Le titre choisi permet de mettre l'accent sur l'apparition en nous de personnages de notre histoire et préhistoire familiale en tant que simples visiteurs. Je trouve cela fascinant, nous sommes en effet forgés, sculptés par toute une influence d'ancêtres en nous par identification à eux, mais aussi à nos parents, nos oncles, tantes, cousins, amis, proches… C'est ce que Mijola appelle « ce moi pétri des autres. »

---

[18] Boris Cyrulnik, *Un merveilleux Malheur*, Odile Jacob, 2002

J'ai une admiration sans bornes pour mes parents et mes grands-parents. J'aime à penser que ma mère et ma grand-mère Amy étaient très présentes en moi lorsque je souffrais de tous mes membres dans la phase la plus aiguë de ma dépression il y a un an, quand il fallait trouver la force de m'extraire de mon lit tous les matins. Ces deux femmes battantes et courageuses me rendent souvent visite.

Ma grand-mère Renata et mon père Hans sont très souvent en moi pour leur côté infatigable, toujours en mouvement, lorsqu'il faut puiser au fond de soi toute l'énergie permettant d'avancer et de viser haut. Et il a dû falloir puiser bien loin pour traverser une partie de l'Europe à pied et quitter sa terre natale. Le défaut de leurs qualités je les ai aussi : l'hyper contrôle, mais aussi cette abnégation à l'extrême, cette incapacité parfois à déléguer aux autres une partie du fardeau et à se faire aider. Cette conviction qu'il faut faire, agir tout de suite comme dans une pulsion de vie, pour être du côté de la vie.

Pour le côté plus sombre, c'est la petite Kate avec une peur panique de l'abandon qui me rend visite lorsque je dois me séparer même temporairement de quelqu'un qui compte. Est-ce elle aussi qui rend visite à mon fils certains soirs lorsqu'il exprime son angoisse d'aller se coucher ? Mon grand-père travaillait souvent de nuit dans la police, il venait embrasser ma mère et la border avant de partir dans la nuit. Je n'ose même pas imaginer son angoisse.

Michael, justement. Quel modèle pour nous tous ! Il y a de lui en moi lorsque je m'assois par terre pour jouer avec mes enfants. Ce côté espiègle et cette capacité à redevenir enfant et à profiter des moments de jeu. Ce côté droit et rassurant aussi. Ne représentait-il pas l'ordre et la loi ? Logique. Physiquement, mes deux frères sont aussi un rappel du passé de par leurs ressemblances respectives avec leurs grands-pères : Edouard c'est Jacob tout craché, l'unique portrait que nous avons chez nous témoigne de cette ressemblance frappante. Chris, lui, c'est Michael, ma grand-mère l'avait fait remarquer aussi.

Mes enfants sont nés du don mais il n'est pas nécessaire d'être lié biologiquement à quelqu'un pour s'imprégner de lui.

Il y a tellement d'autres exemples que je pourrais citer, mais j'arrive au bout de ce récit. Ai-je écrit mon roman familial à travers ces pages ? Ai-je refait l'histoire pour qu'elle me convienne ? Je pense avoir été fidèle aux faits, mais de nombreux éléments biographiques ne proviennent pas de moi. Sont-ils fiables ou bien la vérité a-t-elle été transformée au fil des années pour en atténuer la dure réalité ? Sûrement, mais peu importe en fait, ce roman familial me convient et j'en suis même très fière. Fière d'y trouver enfin ma place.

Qu'en était-il de mon grand-père biologique Jacob, le premier mari de ma grand-mère ? Son rôle dans la guerre reste flou ainsi que les circonstances de sa mort. Hitler a envahi la Yougoslavie pour l'annexer, sous prétexte qu'il y avait des gens de descendance allemande ; les militaires et réservistes ont été enrôlés, ils n'ont pas eu le choix (sauf ceux qui sont devenus résistants). Jacob était officier, il n'est pas mort sur le front russe comme je le pensais, mais près de Sarajevo. Il y a deux versions : l'une dit qu'il a été assassiné par les partisans de Tito, l'autre dit qu'il a été éliminé parce qu'il était trop tendre et contre toute cette barbarie ; il a eu des funérailles en grande cérémonie, d'après les photos. Ma grand-mère aurait dit que lors de sa dernière permission il était las de cette guerre et que sous peu il allait être remplacé et rentrerait au pays, mais le destin en a décidé autrement.

À m'être replongée dans cet historique, je constate que mon père n'avait que deux ans et demi lorsque son père est mort, il est donc très peu probable qu'il ait des souvenirs de lui ; en revanche, il est certain que le traumatisme est en lui, les enfants perçoivent la détresse de leurs parents… même si ma grand-mère, mamie Renata, s'est montrée digne et courageuse, souhaitant préserver ses enfants, elle a souffert, immensément et durablement…

Je sais que je ne trouverai jamais totalement la vérité concernant mon passé traumatique. Que s'est-il réellement passé lorsque j'avais 5 ans ? Qui en est responsable ? Je dois accepter que je n'aie pas toutes les réponses et que je ne les aurai peut-être jamais, mais j'ai dû en imaginer. J'ai même dû inventer le prénom de mon agresseur dans ce récit et m'imaginer sa vie afin de pouvoir lui pardonner. Tout comme j'ai imaginé la vie de Marco et Lucie avant notre rencontre. Après avoir questionné mes parents, nos voisins étaient bien placés dans une famille d'accueil. J'aimerais tant les retrouver, mais ça semble impossible ! Quel impact cela a dû avoir dans ma vie de les côtoyer si petite. Et vice-versa. Il est de ces rencontres qui sont déterminantes pour tout le reste de son existence. Quel déchirement cela a dû être quand il a fallu les quitter même pour habiter quelques rues plus loin !

La scène décrite du jour de mon anniversaire de 5 ans est telle que je m'en souviens, mais aussi telle que je l'imagine, comme pour avoir une réponse que je n'ai pas et n'aurai peut-être jamais. Mes souvenirs visuels sont très partiels et flous. Je revois très nettement la lumière du soleil qui passe par le côté de la porte entre ouverte et très clairement ma culotte blanche enroulée par terre à mes chevilles. Le reste, ce ne sont que des flashs : un mur, les jambes métisses du garçon, son short. Enfin une sensation que je peux encore ressentir : je suis plaquée contre un mur et je ne peux me dégager. Puis la sensation de m'être faite avoir en ressortant, la honte et la culpabilité d'avoir été complice car je n'ai pas pu dire non, le soleil brûlant qui me tape sur la tête. Et puis il y a une partie de mes souvenirs qui se sont déformés au fil du temps. Il n'y avait pas de local à outils, je l'ai su après avoir questionné mon père et mon frère, mais nous avions un garage qui était relié à la cuisine par un porche et il y avait bien une porte marron. Pourquoi ce souvenir du mur à outils ? Il est possible qu'il y en eût un, car il y en avait un dans le garage de la nouvelle maison. Symbole d'un lieu ou d'objets liés à mon père ? Ni mes parents ni mon frère ne se souviennent que le voisin m'ait offert une poupée et que je me sois écriée qu'elle était moche. Est-ce une invention dans ma tête de ce que j'aurais voulu lui crier pour exprimer que je ne voulais pas jouer avec lui ? On joue à la poupée, je ne suis pas une poupée avec laquelle tu peux jouer. Je ne veux pas jouer avec toi. J'ai retrouvé depuis dans la chambre des enfants chez mes parents cette petite poupée. Il s'agit en fait d'un objet artisanal décoratif plus qu'un jouet. J'ai appris qu'on les appelait les « baba-chiffon ». C'est une poupée traditionnelle reposant sur un socle en bois représentant une jeune femme portant une robe créole. Elle a été faite main, le corps est en tissu rembourré, les cheveux très noirs sont en laine, les vêtements en tissu coloré pour la robe traditionnelle réunionnaise blanche et orange, le tout petit chapeau est en paille. Ma mère a dû me dire qu'elle avait été fabriquée et au bout de 40 ans mon souvenir, celui-ci inédit, était tellement associé au voisin que j'ai pensé qu'il l'avait façonnée lui-même, ou peut-être est-ce ce que j'avais compris à l'époque. Ce n'est pas le cas, on voit bien comment un souvenir se transforme avec le temps. Il y a une phrase en créole écrite sur le socle, le No de fabrication et le nom de l'artisan au dos (Mme Delmas si je lis bien). Lorsque je regarde la tête de cette poupée, je la trouve en effet laide, sûrement le contraste entre la peau foncée du visage et le maquillage qui y a été peint : du rouge aux joues et du rouge à lèvres. C'est trop criard. Je pense qu'à l'époque j'ai associé cet objet à la peur que j'ai ressentie. Autant mes souvenirs visuels sont très fragmentaires de ce qui s'est passé autant la peur, l'impuissance et la honte sont marqués en moi et se réactivent régulièrement de manière intacte dans certaines situations.

De ma mémoire traumatique et de ce que mon corps m'a fait ressentir ces tout derniers mois, je garde la certitude que ce qui s'est passé était grave. Je peux enfin le reconnaître. Oui, c'était grave et injuste, mais ce qui a été plus délétère est la précocité de l'âge auquel ça m'est arrivé et encore plus que l'événement en lui-même le fait de ne pas pouvoir en parler et de ne pas comprendre. Ma chance est que cela, je pense, ne s'est produit qu'une fois puis nous avons déménagé.

Je suis capable désormais de voir que ça a forgé en partie qui je suis et que mes blessures m'ont aussi permis d'accomplir beaucoup de choses. Je reste donc sur le positif et du côté de l'optimisme. Un nouveau chapitre de ma vie s'ouvre avec ceux que j'aime et je compte bien en profiter. À moi d'être partie prenante pour l'écrire.

Jeudi 6 août 2020, Valras plage

Il est difficile de courir sur le sable, les pieds s'enfoncent plus ou moins selon que le sable soit sec ou plus ou moins mouillé. Je progresse lentement par rapport à mon rythme habituel, quel rythme d'ailleurs ? Je n'en ai plus vraiment, il y a deux ans j'étais au summum de ma forme physique, je terminais une année de séances de Crossfit hebdomadaires pour lesquelles j'avais été assez assidue, je m'étais mise à la course à pied de manière régulière et j'avais enchaîné plusieurs courses et trails en forêt. Un vrai coup de cœur, les trails pour le contact avec la nature et la variété des paysages, les terrains accidentés, les arbres, les racines à éviter… J'avais ainsi découvert les paysages du Vexin, les hauts de la Roche-Guyon dominant la Seine, etc. L'été 2018 j'avais couru 100 kilomètres au mois d'août, je tenais les comptes avec fierté, durée des sorties, vitesse, rythme, dénivelé… J'en suis loin maintenant, mais peu importe, j'ai lâché là-dessus, sur les objectifs que je me fixais pour être toujours plus performante. D'ailleurs l'année suivante, l'été dernier, j'ai oublié mes chaussures de running et ma montre connectée, donc j'avais couru au feeling et beaucoup moins, une ancienne paire de chaussures avait fait l'affaire.

Il fait chaud donc je longe le bord de l'eau en faisant attention à ne pas trop mouiller mes chaussures, je slalome entre les châteaux de sable des enfants, le soleil est brûlant, mais il y a le vent marin qui atténue un peu la chaleur. Je me dis que je vais courir moins que sur le bitume, mais que l'effort qu'il m'en coûtera sera le même vu la surface. Difficile en effet de courir sur le sable, mais j'aime bien cette sensation de difficulté à chaque pas, je ne suis pas stable, le bord de plage n'est pas plat, je dois m'écarter des vagues et m'enfoncer dans le sable sec et chaud, mon rythme n'est donc pas fluide. J'aime devoir éviter les obstacles et entrevoir les jeux des enfants au bord de l'eau. Parfois, je marche pour reprendre mon souffle, je m'imprègne de la vue de la mer qui scintille, car dans quelques jours nous ne serons plus là. Justement, je savoure ma chance d'être là, d'en être arrivée là tout court, malgré les obstacles. J'entrevois la possibilité de reprendre une vie apaisée, où j'irai peut-être moins vite, peut-être que je serai freinée, mais je pense pouvoir y arriver sans trop m'enfoncer à nouveau…

Imprimé en Allemagne
Achevé d'imprimer en mai 2023
Dépôt légal : mai 2023

Pour

Le Lys Bleu Éditions
40, rue du Louvre
75001 Paris

www.ingramcontent.com/pod-product-compliance
Lightning Source LLC
La Vergne TN
LVHW010551160826
845677LV00013B/3085

* 9 7 9 1 0 3 7 7 9 4 9 2 5 *